타이피스트 시인선 009

이것은 천재의 사랑

양안다

타이피스트

시인의 말

싫어하는 것에 대한 목록:
질투심
노력에 필요한 일방적 정직함
사랑의 무용성을 주장하는 바보 천치
열등감을 숨긴 채 드러내는 이빨
지나치다 싶을 정도의 변명
자신의 논리를 세상의 정답으로 치부하는 개구리들
상대의 마음을 자신의 것이라 여기는 착각
그리고 불안
불안
불안

나의 불안을 모두에게 나눠 주고 나니
이 시집을 이렇게 쓸 수밖에 없었다
이제 나는
불안이라는 이름의 그네에서 내려와
먼 곳까지 걸어 보기로 했다

2025년 5월
양안다

차례

1부

물	13
가장 듣기 좋은 말	14
모두 예쁘고 슬픔	17
달 생각	20
스모우크, 알꼬올, 드러그, 앤드 러브	24
방랑자 구역	27
델피니움 꽃말	32
모처럼 나들이	36
복잡하고 어지러운 초콜릿 소년	38
증언과 망상	42
오키나와에서	44
프라하식 저녁 식사	47
골목과 음악	50
수도원	52

2부

55	처음과 같이 이제와 항상 영원히
58	엘레나와 유코가 어느 소설 속에서
61	울게 하소서
64	따뜻한 물 먹기 좋은 날씨
68	막이 오르면
69	지평선에서 신기루
72	어린 간병인의 노래
76	거울의 반대말
79	들개와 천재
82	반지성주의
84	아나타가
89	타임캡슐
90	하늘은 다홍빛 불타는 시간에
92	비정만세

3부

푸른 토끼의 해	97
집주인과 전쟁터를 위한 지침서	100
뉴욕 헤럴드 트리뷴	104
발목 족쇄 끊기	110
onlyinyourdreams	113
캐노피 마음	118
라이트 하우스	120
민서 이야기	122
당신의 형제가 되기까지	126
러시아어 발음하기	128
작은 손	131
목련은 나의 것	132

4부

137	불과 몸통
138	관자놀이에 푸른 점
152	비둘기 걷어차기
158	마지막 다이아몬드
161	Fin

---

167 발문_나의 혼잣말이 상영되는 심야 극장으로

1부

물

  언젠가 그 아이에게 슬픔이 무엇이냐고 물었습니다. 그 아이는 곧바로 어딘가에 잠긴 듯 보였고, 나는 그 아이가 잠긴 곳이 슬픔이라고 이해했습니다. "나, 지금 너를 보니 슬픔이 무엇인지 알게 됐어."

  그러자 그 아이는 대답했습니다. "그 말은 네가 슬픔을 이해하지 못했다는 뜻이야."

가장 듣기 좋은 말

 이 보석함을 마음에 들어 할지 모르겠습니다. 값싼 보석도 몇 개 넣어 두었습니다. 보석함을 열면 오르골이 흐르고요. 이 멜로디가 당신을 기쁘게 만들 거라 생각했어요.

 같이 음악을 듣는 건 가끔…… 꽤 지루하게 만든다.

 애정이 식도록 나도 꽤 노력한 편이에요. 금방 나아질 거라고 확신할 순 없어요. 옆집 삼촌은 삼 년 전에 죽은 아들 때문에 아직도 취해 있는 걸요. 오랜 시간이 필요할 거예요……

 악의 길로 인도하소서. 그러나 이 몸은 언제나 당신의 편에서. 아멘.

 아빠한테 안 들키도록 해.
 늙은 염소 같으니라고.
 전쟁이 나면 젖소들도 바쁘다고. 우유도 못 먹고.

 그래도 아빠는 나에게 반지를 주었어요. 나를 위한 각인까지. 성냥을 켜줄게요. 직접 읽어 봐요. *우리 삶은 그저 누*

군가가 집필한 책의 일부이다.

— 난 바다에 가본 적이 없어요.
— 거짓말. 바다가 아니라 공장이겠지.

친구가 되고 싶었을 뿐이니까요.
정말?
네. 정말로요.
글쎄……

나는 당신 따뜻한 말.
당신 선한 말.
당신 우스운 말을 먹고 사는 머저리가 될래요. 적어도 이번 계절에는요.
내가 눈이 멀어 버린 걸까요.

스스로를 속이진 말아요. 그것 말고 당신은 무엇이든 해도 괜찮아요. 마체테 쥐고 누군가의 팔뚝을 썰더라도……

작별 인사도 하지 않고 떠나면 당신을 용서하지 않을 사람이 한 무더기예요.

제가 저녁을 드릴게요.

빈 물약 병 좀 가져와요.

우린 잘 있어요. 막내는 어느 바보에게, 둘째는 외국어 선생에게 빠졌어요. 그리고 나는 당신 답장을 기다려요.
— 아빠에게

더는 군홧발 소리가 들리지 않아.

기쁘다.

모두 예쁘고 슬픔

내가 무얼 해야 할까요. 버드나무에 목을 매달까요. 손목을 내려칠까요. 사과 씨를 씹어 먹을까요. 나는 너무 지쳤어요.

악몽의 문을 열면 유년 시절이 보인다.
문틈 사이로 쓰러져 있는 아이가 보인다.
그것은 어린 나의 모습이다.
애야, 어서 일어나렴. 학교 가야지······

날 불쌍하다고 못 느꼈어요?
풀밭에 유리가 조각조각 깨져 있고요.
빛나는군요.
딴생각을 하다 보면 다른 사람의 마음을 알게 되어요.
돌담길을 걷다 보면 낭만주의에 속아 넘어가죠.
내가 외면한 불안.
내가 외면한 동족.
따뜻해. 밤바람.
어릴 적 내 얼굴을 **볼래요**?
제 방에 사진이 있어요.

모든 빛이 깨질 듯이 아파 보인다.
바다에 앉아 있으면 슬픈 생각이 떠오른다.
펜션 발코니에 앉아 담배를 피우고
그릴에다 고기를 올려놓지.
꾹 누르면 타들어 가는 소리……
담뱃불이 전방위로 흩어질 때.

갑자기 오한이 느껴졌나요? 그게 내가 바랐던 바일지도 몰라요. 혼자 있을 때마다 끔찍해요. 아무도 나의 끔찍함을 본 적 없죠.
 발가락 사이 모래알.
 사랑 하나를 주고 다른 사랑을 받아 오는 나날.
 소다를 마시면 이가 녹을까 봐요.
 내가 다른 사람과 걸어도 괜찮겠어요?
 누구든 날 건들면 펀치를 먹일 거예요.
 취했나 봐.
 밤 산책을 해야겠어요.
 오늘은 부엌에서 새우잠을 자고 싶어요……

엄마의 젊은 목소리.

"모르는 사람을 따라가면 안 된단다.
모르는 사랑을 함께하면 안 된단다.
언제 이렇게 아픈 표정을 배웠니.
내 새끼……"

붉은 과일
잔뜩 올라간 쇼트케이크.
두 눈 감고
두 손 모으고
소원을 빌게요.
나의 얼굴이
어둠에 빠지기 전에.

달 생각

쥐를 잡으려고 끈끈이 덫을 놓았는데…… 거미 세 마리만 잡혔다.

잘 지내요? 귀여운 쓰레기처럼 살고 있어요.

나비가 날개를 퍼덕거리는 게 무서워요. 하지만 우린 절대 휘두른 적이 없습니다.

— 애인 얼굴 잘 봐둬라. 다신 못 보게 해줄 테니.
— 그렇게 하고 싶어도 그럴 수 없을걸요.

어느 날의 심포니.

심야 극장은 수다쟁이를 환영할 것입니다. 두 다리 뻗으렴. 빈 좌석이 있다면 누워 볼래? 주인공을 따라 힘껏 노래를 불러 보자. 폭죽은…… 아니야. 누군가의 잠을 빛으로 채워선 안 되니까.

우리끼리 놀면 뭐해. 우울해. 불안해. 괴로워.
그런 얘기뿐.

달이 선명한 밤. 나는 편지를 썼다. 아무도 받지 않는 편지를.

나의 상상 친구,
마리안느에게.

마리안느! 나야, 클로에. 오늘은 무슨 얘기를 들려줄까. 너는 첫사랑을 겪어 봤니. 나는 골목에서 저글링을 하던 재주꾼과 멀리 떠난 적이 있단다. 깨금발로 부모의 침실에 들어가 돈이 될 만한 것들을 자루에 주워 담았지. 믿겨져? 내가 야반도주를 했다니! 그때 우리는 어둠을 향해 스스로 들어갔단다. 별빛조차 우리를 훔쳐볼 수 없는 곳으로…… 뭐, 일주일도 못 견디고 경찰에 잡혀 버렸지. 그때 아빠한테 하도 맞아서 지금까지도 종아리 살이 까맣게 죽어 있어. 슬픈 일이지. 다음에는 더 재미있는 얘기를 들려줄게! 마리안느, 그때까지 잘 지내.

— 사랑을 담아 클로에 드림

방을 좀 봐야겠어요. 아버지가 사냥꾼이셨군요. 처음 봐요. 저런 크기의 사슴뿔……

그날
클로에와 카를로는 상당히 지쳐 있었고
지친다는 건 죽음을 향해 조금,

아주 조금 가까워지는 일이지만
그들은 죽음을 상상하지 못할 정도로 탈진한 상태였다.
사랑을 나눌 생각도 없이.
소문을 나눌 의지도 없이.
고작 시체 흉내를 내는 게 전부였다.

……너무 큰 소파는 연인에게 적절하지 않습니다.

'아무 말도 들려주지 않는 것으로 날 괴롭게 하고 싶은 거구나. 당신은 자기 자신을 지키기 위해 침묵하는 거야. 그럼 내가 그걸 인정해야 해요? 방패로 사람을 죽일 수 있다니. 받아들이기 어려워요. 어려워.'

평생 도망이나 치면서 살겠지요.
비겁한 놈. 떠나기 전에 뒤통수 한 대 갈길 거야.
우린 실패의 연속인가 봐. 모처럼 칠면조 집에 갔는데 때마침 동이 났다니……

너는 왜 나에게 편지 한 통 보내지 않는 거니. 마리안느, 내가 싫어진 거야? 아니면 손가락이 몽땅 잘린 거야? 정말 너에게 말라 죽은 거미라도 보내야겠니. 답장 좀 해줘. 나, 너무 우울해. 불안하고 괴로우니까.

— 미움을 담아 클로에 드림

그날
쥐는 보이지 않고
찍 찍 우는 소리 속에서
잉크가 마르지 않는 밤.

달이 보이지 않는 곳에서 잠드는구나. 마리안느……

스모우크, 알꼬올, 드러그, 앤드 러브

아무래도 모든 사람을 증오할 순 없겠지.

나는 멍청하고 가끔 구제 불능이고 위악적으로 굴지만 친해지면 꽤 착하답니다.

멀지 않았다는 생각이 불현듯 스칠 때…… 무엇이 멀지 않은 걸까. 나의 삶이? 나의 마음이?
그게 아니라면 나의 죽음이?

설렌다.

괜찮아. 나는 스물셋이니까. 괜찮다. 진정하자. 난 다 큰 성인이고 스물셋이라고……

최소한으로 미친 당신을 이해하고 싶었다.

당신은 내 무릎에 맨발을 올리고 머리를 매만졌다. 우리는 극장에 갈 것이다.

울 장면이 아닌데도 울었다. 왜 울어요? 왜 울긴요. 울 장면이 아닌데도요.

\>

배 속이 부들부들 떨린다. 이유도 없이.

조심하세요.

집에 돌아오니 옷에 너의 체취가 배어져 있어서……

— 우리 푸르스름한 창문도 같이 봤어요. 어제.
— 맞아. 좋아요. 그 시간.

마음 한구석을 들여다본 것 같아서……

나를 도와주세요. 내가 많은 이들을 돕겠습니다. 삶이 힘든 사람을. 마음이 필요한 사람을.
그게 아니라면 죽음을 원하는 사람을.

춤추는 잔향 속에서.
소독약 냄새 속에서.

서로의 눈 속에서.

당신이 행복했으면 좋겠다. 그리고 그걸 나와 즐겼으면 좋겠다. 이제 부족한 잠을 채우러 가야지. 스모우크, 알꼬올, 드러그, 그리고……

방랑자 구역

머지않아 할머니가 되겠지. 머지않아 할아버지가 될 텐데. 모든 비난이 두려워. 한 잔 더 마셔야겠어요.

우린 약간 거리를 두고 걸었습니다. 미안해요. 도시 외곽에 살고 그곳을 걷는 게 왜 부끄러울까. 내가 점점 작아져요.

경고. 경고. 아들을 찾게 도와주세요. 가만있으라 했는데. 누구나 가끔 도움이 필요한 법이잖아요.

— 금세 돌아올 거예요. 다 같이.
— 다 같이라니요?
— 실종된 친구들과 손잡고 올 거예요. 분명.

네. 네. 알았어요. 아이란 씨, 울지 말아요. 지금부터 마음 굳게 먹으세요. 이 슬픔의 마지막을 위해서요. 좋아요. 당신의 아들, 제임스는 착하고 성실하며, 약속 시간도 제때 지키는 훌륭한 아들이쥬 그는 제시간에 돌아올 거예요. 실종된 다른 친구들과 함께요. 얄미울 정도로 익살스럽게 "짠! 돌아왔어요, 엄마!" 하겠지요. 그렇게 당신에게 등짝 몇 대 맞으면서도 제임스는 웃음을 멈추지 않을 거예요. 그 순간이 이 슬픔의 마지막이 될 것이고요. 그때는 제가 칵테일 한 잔 사드리죠. 암요. 칵테일 한 잔……

우린 약간 거리를 두고 걸었습니다.

— 칵테일을 권하다니요. 내 생각엔 아이란 씨가 중독자 같진 않던데요.

그러나 오늘은 부서지는 것들을 보았다. 꽃들이 어쩜 저리 말랐을까. 금방이라도 잎이 바스러질 것 같아요. 어디 묘약 같은 거라도 있다면……

아첨꾼들.
그들을 끔찍이 경계해야 한다.
누군가는 '그렇게까지 할 필요가 있을까?'라고 생각할지도 모른다.
아첨꾼들은 "일 마치고 한잔하러 왔소."라고 말한 다음에 취하고 나서야 "이번까지만 외상 좀 부탁하오."라고 말하기 마련이다.

그들은 그것이 유쾌한지 아나 보다.

저는 아마도…… 네. 고맙습니다. 제 생활이요? 설명해 달라고요? 이 도시 사람들은 저에 대해 모두 알고 있는 걸요. 저기 저 경찰에게 직접 물어봐요. 제가 어떤 사람인지요. 눈을 감아 보세요. 눈을 감고 이 도시를 머릿속에 그려 보세요. 저기, 약간 거리를 두고 걷는 두 사람이 보이시나요? 눈 뜨지 마시고요. 상상 속에서요. 다시, 두 사람이 걸어오고 있습니다. 고개를 돌리면 골목을 쏘다니는 아이들이 보입니다. 건너편 번화가에는 아이란 씨가 아들을 애타게 찾고 있네요. 그리고 정돈되지 않은 화단, 제가 거기 누워 있네요……

수술받으면 더 잘 웃게 될 텐데.

그 얘기는 그만둬요. 그건 수술이 아니라 바보가 되는 거라고.

실종 생활에는 복잡한 규칙이 있습니다. *제1규칙: 우리 자신은 실종된 게 아니라 다른 길을 걸어가는 순례자다.*

>
저녁이 되면 연인들 수다 소리 들리고
밤이 되면 취객 다투는 소리 들린다.
침묵과
강물 흐르는 소리가 들리기 시작하면
어느새 새벽이다.

— 제임스! 제임스!
— ……저요?
— 제임스, 도대체 어디 있었던 거니.
— 아이란 여사님. 얘는 제임스가 아니라 올리버예요.

우리 제임스, 친구들 데려온다더니 이렇게도 잔뜩 데려왔구나. 오늘 많은 가정이 따뜻해지겠어. 우선 식사라도 하자. 은촛대에 불도 붙이고, 따뜻한 수프를 끓여서 닭과 볶은 콩을 먹어야겠구나. 그동안 어디에 있었니, 제임스. 더는 둔기로 널 괴롭히지 않겠다고 약속하마. 숙제 따위 안 해도 바늘로 발바닥을 찌르지 않으마. 아, 그렇지. 이 엄마는 이제 칵테일에 대해 공부해야겠구나. 칵테일이라는 걸 마셔 본 적이 없어서…… 칵테일…… 발음에서부터 단내가 나는 게 참 마음에 든다. 그렇지? 제임스……

델피니움 꽃말

세계에는 이상한 일이 일어나곤 한다. 사람들은 모르는 척하는 건지 정말 모르는 건지……

단지 이상한 일이.

나는 물담배를 연거푸 흡입하며 밍슬을 생각했다. 여기 너무 좋다. 난 음악은 잘 몰라. 조명은 우리를 숨기기에 알맞은 조도야. 밍슬, 다음에 같이 오자. 널 이곳에 초대할게.

영혼을 팔 권리는 그 육체의 주인에게 있다. 위대한 기적은 위대한 속임수일까? 나는 기억을 다 지우든지 비웃든지 하고 싶었다. 나는…… 나는 세례도 받지 않은 사람이라고.

너 말고 아무도 날 울린 적 없었다. 두 번이나. 내가 어디서 취하는지도 관심 없으면서.
펑.
펑.
이웃 도시에서 쏘는 폭죽입니다. 바람결이 좋을 때 잘 들리지요.

단지 이상한 일이 일어난다.

바위에 꽃신 한 켤레, 수풀에 썩은 과일, 근처 모래밭에 돗자리를 폈습니다. 망령과 지옥을 외치는 설교자를 몰아내자. 우리는 필요해. 칼과 방패…… 밍슬, 잘 지내니. 너를 자극하고 싶지 않았어.

얼마나 많은 기적이 우릴 기다리고 있을까.
— 영혼이 다 소진될 때까지.

얼마나 많은 벌레가 우릴 물어뜯게 될까.
— 너도 똑같이 그들을 물어 주렴.

이 술잔은 멀리서 온 귀한 손님에게 대접하는 것입니다. 그들은 모두 이 잔에 입술을 맞댄 적 있지요.

아뇨. 우린 혈통에 일가견 있고 서로가 좋아하는 액체에 능통합니다.

술잔은

두 손으로 받아야 할 정도로
거대했다.

종교인은 인간이 만든 아름다움을 무시하잖아요. 오직 그들 아버지의 아름다움만……

내가 믿는 아름다움은

단지 이상한 일. 이상하다, 라고 중얼거리는 일.

밍슬을 마지막으로 본 날, 수많은 사람과 악취가 들끓는 골목을 헤매다 겨우 선술집에 몸을 구겨 넣었다. 일회용 카메라를 잔뜩 테이블에 엎어 놓고. 취한 모습을 찍고. 웃고. 웃는 모습. 입가를 가린 얼굴. 그게 서로의 마지막 모습인 줄도 모르고.

보고 싶어.
난 지금은 예쁘기만 하고 멋이 없어.
여름만 잘 버티고 있어.
세상을 속이고 가을에 갈게.

행복하렴. 밍슬.

행복하렴. 밍슬.

그래. 단지 이상한 일이 일어난다. 세계의 예정보다 빠르게.

모처럼 나들이

혼자가 되니 한낮이 길어졌다.

요즘은 손목에 머리 끈을 끼고 다녀요. 그를 잊지 않으려고요.

하루가 아무 일도 없이 지나갑니다.

물론 전혀 생각나지 않는 날도 있어요. 그게 나를 겁먹게 만들고요.

내가 기른 자식도 아닌데 왜 이토록 그를……

이상하다. 그를 기억하고 싶은데 때로는 특별한 일이 일어나길 바라는 것 같습니다. 세상은 싫은 것 천지.

— 이렇게 오래 눈 감고 있는 건 좋은 일이 아닙니다.

의사가 왕진을 다녀갔고요.

— 온화한 얼굴이네요.

>
그가 나의 마음을 다녀갔습니다.

세상이 이렇게 거대한데 내가 계속 작아진다. 이러다 헤어지면 평생 못 만나게 될걸요.

벌써 그렇게 되었는데요.

드디어 마음 줄 데가 없어졌군.
하루 신세 좀 지겠습니다.

낮에는 그렇게 들떠 있었는데 불꽃놀이가 시작하니까 깜빡깜빡 졸았다.

저 폭죽 소리…… 싫어요.

왠지 그의 울음과 비슷하게 들려서요.

복잡하고 어지러운 초콜릿 소년

그냥 사람들이 하는 말이야. 듣는 우리 불편하라고. 응. 어쩜 그리 못됐는지.

― 겁쟁이. 불안해서 사랑으로 도피한 거죠?
― 사랑하려고 불안을 선택한 거란다.

우린 어제 떠나서 오늘 만났다. 다른 마음에 대해 배우는 게 뭐가 나쁘냐고요? 덕분에 당신들은 자신의 마음에 대해 관심이 없으니까.

나는 저기 누워 있는 시체를 만난 적 있으니까.

사흘 전이었나.

낮이었습니다.

초콜릿을 파는 소년이었습니다. 갑작스러운 무더위에 초콜릿이 녹아내리는 게 눈으로 보일 정도였습니다. 몇 시쯤 됐을까요? 해가 저물어 갈 때 저는 가로등 밑에 주저앉아 훌쩍이는 초콜릿 소년을 보았습니다. "얘야, 집으로 돌아가지 않고 무얼 하고 있니. 어둠 속은 위험하단다." 바구니 속에서 초콜릿이 전부 녹아 형체를 알아볼 수 없었습니다. 초콜릿 소년은 대답도 하지 않고 중얼거렸어요. "더는 속임수 따윈 하지 않을 거야. 속임수 따위······"

누군가는 불안과 사랑으로 야바위를 하고 있다······

내 친구는 만져 보았대.
뭐를?
연인의 마음을.
헛소리. 슬픔도 만졌다고 하지 그래?
손바닥이 온통 젖었대.

안녕.

"당신을 분명 사랑해! 그런데도 충분하지 않은 거야?" 세상 연인들은 내면을 보여 주고 싶어 안달이다.

나는 복잡하게 말합니다. 나는 중얼거리고 중얼거리듯 네게 말하고 어제와 오늘을 헷갈리고 그러나 사랑과 불안은 아니지. 우리가 함께 넘어진 곳이 어디지? 나는 그딴 거 몰라. 내가 복잡하게 말한다고. 나의 내면이 이렇게나 복잡하다고. 너를 복잡하게 사랑한다고.

 응. 듣는 네가 불편하라고.

 잘 봐.

 나는 첨탑에 올라섰다. 이 지역 사람들이 다 몰려올 거야. 저기 붉은 지붕 옆 골목쯤에서 초콜릿 소년이 죽은 채로 발견됐었지. 초콜릿이 녹아서 개미 떼가 소년을 뒤덮고 있었댔지. 얼음은 녹으면 물이 되는데 초콜릿은 왜 시체가 돼야 해? 사람들, 대답 좀 해보세요. 지금 내가 죽으면 무엇이 되는 거죠?

 나는 시체가 되어 본 적이 없으니까.

 고마워. 높은 곳에서 잘 찾아볼게. 나의 마음을 네가 만질 수 있도록.

"달콤한 걸 먹으면 저를 떠올리세요. 더 달콤한 것에 갈증을 느끼면서요."

안녕, 이라는 말은 이상하다. 기쁠 때도 슬플 때도 우리는 안녕, 한다. 어제 떠날 때 안녕. 오늘 만날 때 안녕.

이런 표현 진부하지만, 오늘 하늘이 참 푸르구나. 종소리가 맑고 울림이 있구나. 목련 피고, 거리에서 아이들이 졸고, 바람, 바람, 바람. 현기증이 참 좋아…… 그리고 불안, 불안 좀 가져와야지. 너를 복잡하게 이해하려고.

증언과 망상

그는 청색 보석이 박힌 목걸이를 원했다. 우연히 본 목걸이지만, 그것이 그의 마음을 사로잡은 것은 확실했다. 진한 푸른색은 어머니의 눈동자를 떠올리게 했으며, 가본 적 없는 심해에 가라앉고 싶은 욕구를 일게 했다. 매일 밤 꿈속에서 그는 바다 밑바닥에서 잠든 고래의 등을 오래 쓰다듬었다. '미쳤군. 내가 드디어 미쳐 버린 거야. 그깟 보석 때문에 나의 모든 밤을 도둑맞아 버리다니.' 일어나면 온몸이 땀으로 젖어 있었고 침대에는 소금기로 그려진 백사장……

그가 좌절감을 느꼈을까? 분명한 건 그는 자신의 인생을 낭비하기로 마음먹었다는 것이었다. 고주망태가 되어 거리에 쓰러져 잠들기. 친구들에게 청색 보석에 얽힌 저주를 지어내어 퍼뜨리기. 폭식하기. 구토하기. 폭식하기. 구토하기. 구토하기. 그는 비대해진 몸을 이끌고 다음 계절을 위한 외투를 새로 사야 했다. 청색 눈동자를 가진 이들과 하룻밤 보내기. 다음 날은 다른 청색 눈동자와 보내기.

어느 날, 그는 수중에 있는 금화를 탈탈 털어 작은 보석이 박힌 목걸이를 구매하게 되었다. 그가 탐내는 청색 보석

목걸이가 아니라 저렴한 적색 보석 목걸이였다. 그러니까 그것은…… 대체재였다. 그것이 자신에게 썩 잘 어울린다고, 혹은 자신이 진정 원했던 건 작고 붉은 보석이라고 스스로를 설득하면서. 그는 잠들기 전마다 적색 보석이 지루하지 않도록 매일 이야기를 들려주었다. 애정을 담은 입맞춤은 덤이었다. 그의 마음은 진심이었을까?

  그는 잠결에 적색 보석의 속삭임을 들은 적이 있다.

  ……나는 통과한다. 나는 유령처럼 귀신처럼 유체처럼 통과한다. 나는 아이스링크를 지나는 스케이트 날처럼 미끄러진다. 나는 누군가에게 상처가 되기도 한다. 나는 빙판 위의 누군가를 멀리 보낼 것이다. 얼어붙은 강가에 빠져 죽게 하지 않을 것이다. 나는 통과한다. 나는 통과한다. 안녕. 미끄러진다……

오키나와에서

목소리가 작아서
아무도 내가 우는 걸 못 들었나 보다.
한 손으로 죽은 이의 심장을 들 수 있다는 걸 알까.
모두 모두 모두 모두……

어둠 속에서 맨살이 빛나는 것을 봅니다.
나비가 두 날개를 펼치듯이 웃는 것을 봅니다.
물담배를 피우다가
포도주를 턱 끝까지 흘리다가
불 꺼진 거실에서 추는 춤.
아지랑이 같지?
그 어떤 소문도 우리에게 들리지 않으면 좋겠다.
그 어떤 쇠붙이도 우리를 침범하지 않으면 좋겠다.
긴 목을 가진다면 좋겠어.
언제든 꿈속을 들여다볼 수 있도록.
캔들.
팔각 성냥.
그래. 음악보다 중요한 게 뭐가 있겠어?
무심한 불장난.
피도 눈물도 없는 내면을 꿈꿔 줘.

네가 마지막으로 본 밤의 해변.
등불에서 흰 연기가 피어오릅니다.
유행병 걸린 꽃들에게 반점이 피어 있습니다.
밤바다가 밤하늘을 질투하고
밤바다가 밤하늘을 반사하고
해변에게 물보라를 가르쳐 주고 싶어.
손을 맞잡고 빙글빙글 춤추면서.
물에 비친 내가 나보다 아름답습니까.
조물주도 감당 못 할 기쁨 속에서 죽게 해주세요.
맨손으로 촛불을 만져 볼래?
서로의 그림자가 될 때까지.
꿈속까지 아름답게.
해변에 발자국을 남겨 봅시다.
사슴 한 마리.
해변에 발자국을 남겨 봅니다.
사슴 두 마리.
몸에서 짠맛이 날 때까지 물속에서 웅크리고 싶어.
피를 잔뜩 흘리다가 깨어나고 싶어.
— 우리가 살다 간 걸 누군가 기억해 줬으면 좋겠어요.
— 우리 모두 그 사실을 잊게 될 거예요.

눈을 감으면 기도문이 들립니다.
너의 이름.
너의 이름.
아지랑이 같지?
따뜻한 물에서 가루약이 퍼지는 모양……
밤이 해변을 포옹하고 있는 줄 알았는데 그 반대구나. 밤이 해변에게 안겨 있더구나.
이를 딱딱 부딪치고
우리는 우리의 역할에 충실해야지.
꿈과 내면을 훼손하더라도
피 흘리고 나면 붕대로 감아 주기.
길고양이의 언어로 기도하기.
꿈속에서 익사할 때 두 손 놓지 않기.

꼭 나의 심장 소리를 들었으면 좋겠다.
모두 모두 모두 모두……

프라하식 저녁 식사

지금 보니 너무 닮아 보인다. 머리카락을 매만진다거나 포크를 쥐는 손가락, 심지어 웃을 때 눈가가 찌그러지는 것마저……

그렇다고 실패한 모습은 보이고 싶지 않지.

어느 밤, 나는 당신의 집까지 찾아갔다. 정원은 다른 곳처럼 버려져 있었고 돌 조각상이 발치마다 깨져 있었다. 여긴 황무지가 될 거예요. 어느 졸부가 목화 농장을 만든다고 주변 땅을 죄다 매입하고 있죠.

비어 있는 개집이 당신을 아프게 만든다. 미국에서 이주한 집주인이 기르던 개 이름은 럭키였다. 럭키는 사료에 섞인 쥐약을 삼키고 거품을 물었다. 이름값도 못하고 죽었죠. 럭키가 떠나자 집주인은 결국 건물을 팔았어요. 여기 거주자 모두가 졸부 짓이라고 생각해요.

죽으면 어떻게 되는 거지요?
그냥…… 교회 풀밭에 묻어 주고 왔어요.

명백히 의도적이었어요.

>

한밤의 강은 검은 비단처럼 보인다. 나약하거나 중독에 빠지거나, 혹은 둘 다인 예술가들이 모두 이 강물에 뛰어들었다. 음악과 술과 그리고 샹들리에…… 강물에 비친 얼굴이 쉴 새 없이 일그러진다. 얼굴이 있어야 할 자리에 물결이 생긴다. 예전에 저는 강물에 몸을 던지곤 했지만 매번 실패했어요.

프라하 뒷골목에도 당신의 노랫말이 울려 퍼졌으면 좋겠다. 새벽에 쪽잠 자던 쥐들이 당신 노래를 자장가 삼았으면 좋겠다. 아직 세상이 기울지 않았다고 믿고 싶으니까.

그러기 위해서 당신은 노래를 불러야 하지.

"그들은 멍청이예요. 당신의 가르침을 독약에 섞어 개나 줘버리는 족속들이죠. 본인들이 멍청한 줄도 모르면서. 적어도 난 내가 멍청하다는 걸 알고 있다고. 당신은 훌륭한 선생이에요. 당신은 훌륭하다고……"

두려워할 거 없어요. 이제 돌아가면 돼요. 당신이 살아 있다는 게 믿기지 않아요. 잘 자라서 고맙다고 말해 주고 싶어요.

 영원히 작별인 것처럼 구네요.

 좀 쉬어야 해요. 휴가도 좀 가고.

 물웅덩이가 조금씩 증발한다. 슬픔이 사라지는 속도로.
"당신의 비극은 꼭 나의 것과 같군요."

 알 수 없는 것을 알 수 없다고 말하기까지.
 옷깃에 달린 단추를 쉽게 떼어 낼 수 있는 것처럼.
 도려내면 심장이 나의 밖에서 뛸 수 있는 것처럼.
 악보를 읽어 볼까요.

 지금 보니 우리 둘은 우는 모습도 닮았네요. 울 때 그런 소리를 내는 줄 몰랐어요.

 인생이라는 단어를 처음 듣는 아이처럼.

골목과 음악

골목에 서서,
그래. 나는 골목을 헤매었고
사라진 줄도 모르고 기억 속 잡화점을 찾아다녔지.
두 손을 모아 빛을 만들어요.
심장이 연주하는 음악을 고통스럽게 들어 봐요.
전구를 죄다 깨뜨리고 두 손이 빛나니까요.
죽을 때까지 심장이 뛰겠지요.
죽을 때까지 음악을 듣겠지요.
지루해……

그렇게 당신이 골목을 빠져나가는 걸 보았다.
그렇게 당신의 마지막은 뒷모습이 되었다.
말해 줘요. 빛의 규칙을 알고 있다면서요.
내가 나를 치료할 수 있을 거라면서요.
골목에 서서,
그래. 골목에서 사진을 불태웠고
당신에게 보냈던
편지
읽다가 손을 떨었고
내가 인사말을 적지 않았더군요.

그래. 유서가 되고
이제 나는 빛을 혼자 만들 줄 알아요.
당신의 손 없이 걷고
당신의 손 없이 골목에 서서
그렇게 당신 마지막 대사는 침묵이 되었다.
깨진 조각들을 봐요.
우리가 벌인 일이죠.
나는 조금 더 살다 갈게요.
꽃다발에 얼굴 파묻고 싶어요……

수도원

한 아이가

분수대에 금붕어를 풀어놓고 떠난다. 두려운 몸짓이 성직자의 하품을 멈추게 만든다.

모든 새가 노래를 정지한다.

"왜 날 찾으러 오지 않으십니까."

2부

처음과 같이 이제와 항상 영원히

서영은 아무래도 좋다고 했다.
식물의 음악이 무더기로 시들고 있다거나
책상 위로 떨어지는 꽃잎의 색깔.
한밤중에 폭설을 바라보는 시간.
진심이니.
햇빛이 두 눈을 조각내도 괜찮겠냐고.
서영은 아무래도 좋다고 했다.
어깨가 잠들어 있구나.
더운 나라로 도망가고 싶지 않아?
마지막 꿈.
재능 있고 차분한 너의 목소리가 어디서든 재생되었고
미러볼이 돌아가는 동안 희망을 발견하며……
나의 토막 난 심장들은 어디서 음악을 만들고 있을까.
얼음 같아.
테이블을 가로지르는 술잔처럼.
두 눈이 폭설에 사로잡히는 것처럼.
얼음처럼.
얼음처럼.
서영은 침묵 속에서 나를 응시하고 있었다.
아무래도 좋다고 했다.

널 만나기 전에는
불안이라는 괴물이 인간 거죽을 뒤집어쓰고 나의 목을 조르더구나.
집에 일찍 가버리는 너의 뒤통수만 기억에 또렷하더구나.
바닷가.
햇볕에 새까맣게 탄 해바라기.
침엽수림을 헤매다가
무심하게 서로의 이름을 발음하기.
미래가 상상되기 시작했다.
서영, 나와의 산책을 믿었으면 좋겠어.
손가락에 묻은 설탕을 빨아 먹고
번들거리는 입술로 너의 힘찬 노래를 듣고 싶다.
무릎이 성할 날이 없을 때까지 반쪽 기도를 올리고
향을 피우고
나의 작은 손으로 너를 들어 올리고 싶어.
티타임.
찻잎은 뜨거운 물에서 우러나지.
티타임.
고딕적인 찻잔이 손목과 어울리지.
티타임.

춤을 추자.

뒷머리가 많이 자랐구나. 여름 일기에 기이한 마음을 기록하는 일.

작은 집에 모여 사는 자매들과 발코니에 놓인 재떨이에 대해. 한여름 햇빛에 마르는 흰 양말들에 대해. 이제부터 꿈을 꾸지 않기. 한밤중에 묻는 안부처럼 평화를 이해하기.

우리보다 오래된 세계에는 비참한 것이 무성했다.

잘 봐.

연인들의 그림자라고 해서 특별한 점이 없구나.

엘레나와 유코가 어느 소설 속에서

 엘레나는 한 번 더, 그러나 전보다 확신에 찬 목소리로 말했다. "함께 도망가자, 유코."
 갑작스러운 고백에 작은 키 유코는 엘레나를 올려다보았다. 심장이 터지면 입 밖으로 쏟아지는 걸까. 아무렇지 않은 척했지만 사실 유코는 제대로 서 있기도 버거웠다.
 두 사람의 그림자는 흰 담장 위에서 호흡을 가다듬고 있었다.
 그사이 자전거를 탄 학생이 지나갔다. 한 무리의 아이들이 바람개비를 손에 쥐고 달려갔다. 어디선가 날아온 오색 비눗방울이 흰 담장과 골목을 가득 채웠다. 비눗방울 하나가 이제 막 사랑을 시작한 어느 연인에게로 날아갔다. 연인은 그 비눗방울을 사랑의 은유로 생각하며 작게 웃었다.
 그리고 사라지는 행인들. 멀어지는 발소리.
 잠깐 시간이 멈췄던 걸까.
 유코는 갑자기 모든 걸 선명하게 바라볼 수 있게 되었다. 흰 담장 구석의 낙서.
 축 늘어진 가지에 목련이 피어 있고
 텅 빈 거리와 정적, 그리고 떨고 있는 엘레나의 입술⋯⋯ 그 입술은 유코를 조금 슬프게, 그러나 많이 기쁘게 만들었는데, 엘레나, 이제 기쁨도 슬픔도 함께해야 하는구나, 우리, 그런 사이가 되어 버린 걸까, 유코는 깨달은 것이다.

　작은 키 유코는 대답 대신 옐레나의 손에 자신의 손을 포개었다. 한 번 더, 그러나 전보다 확신에 찬 표정으로 옐레나를 올려다보았다. 둘은 눈이 마주쳤고, 동시에 웃었다. 이제 막 사랑을 시작한 어느 연인처럼.

　유코는 숨이 찬 표정이었는데 아마도 어느 해변을 떠올리고 있는 모양이었다. 그러자 옐레나도 같은 생각을 하게 되었다.

　'그래. 멀리 도망가자……' 누구도 말하지 않았지만

　옐레나는 유코의 손목을 붙잡고 달렸다. 텅 빈 거리에서 도심으로, 도심에서 대성당을 향해. 유코는 얼굴에 닿는 바람의 결을 하나하나 느끼려 애쓰며, 앞서 달리는 옐레나를 바라보았다. 달리면 달릴수록 옐레나의 뒷주머니에서 삐져나온 총구가 빠르게 끄덕이고 있었다.

　그래 가자 가자 가자 가자 가자……

"무슨 소설 읽어?"

어느새 그 아이가 어깨에 기대어 있다.

"졸려 보여."

그 아이는 나의 목덜미를 쓸어내렸다. 나는 내가 어떤 얼굴을 하고 있는지 알 수 없었다.

"이만 자는 게 좋을지도 모르겠어. 어떻게 생각해?"

그런데 마지막으로 잠든 게 언제였지.

"날 이해할 수 있어?"

그 아이가 나에게 이해라는 걸 묻는다.
나는 그런 건 신의 장난이라고 생각하는데.

— 응. 어쩌면.

인간이기 때문에 자꾸 속는다.

울게 하소서

기차역에서 그를 봤습니다. 날이 많이 풀렸는데 두툼한 스웨터를 입고 있더라고요. 그를 안아 주었습니다. 잘 가요. 아프지 말고요.

조만간 놀러 갈게요.

그가 나를 안아 주었습니다.

나는 이 도시가 싫었어요. 지하철마다 인간이 들끓는 건…… 참을 수 없어요.

알고 싶지 않아요. 신에게 인간의 의미.

인간에게 영혼의 의미.

……
지난 12년 동안 주치의는 단 한 번도 웃지 않았다.

거꾸로 돌아가는 탁상시계.

— 형제를 해치고 음독시키려는 자는 누구지?
— 어둠 속에는 항상 인간이 있는 법이지요.
— 당신은 현명한 사람이니까.
— 아뇨. 단지 결혼을 했고 아이를 낳았을 뿐……

오래된 선풍기 소리.

블라인드 사이로
햇빛이 칼날처럼 떨어진다. 부유하는 먼지를 본다.

마술처럼.

— 가끔은 증오가 모든 걸 해결하는 것처럼 보여요.
— 가끔은 증오가 모든 걸 망치는 것처럼 보이지.

우리가 처음 만났을 때 몇 살이었죠? 그러니까 아주 작은 폭죽과 밑창 닳은 구두, 뒷골목을 희망하는 나이일 때, 우리는 취하기 일쑤였고 공원을 쏘다녔다. 나는 그가 사라질까 봐 세상 모든 증오를 모른 척했다.

"우리에게 우정뿐이길!"

>
이 도시를 보세요.
이것이 인간이 만든 것입니다.

마음은?

그러게요. 마음은……

 진심으로 안아 주는 게 전부였던 것입니다. 내가 무슨 말을 할 수 있겠어요?

— 영혼이 영원하다는 건 인간의 착각이죠?

다음엔 염소로 태어나서 만나요. 우리.

축복해 주소서.
기도해 주소서.
구원해 주소서.

따뜻한 물 먹기 좋은 날씨

문 잠그고 이리 와요.

오늘 조용히 있어 줘서 고마워요. 나, 머리 깨지는 줄 알았거든요. 물이요? 그럼요. 당신이 챙겨 준 가루약도 잘 녹여서……

폭우가 쏟아지니까…… 머릿속에서 번개가 내리친다.

폭우가 쏟아지니까…… 당신이 잘 들리지 않아요.

아무렴. 어서 가거라.
마차는 떠나라고 있는 거지.
그에게 안부를 전해 주렴.
다정하게 이 마차를 맞이하라고.

비바람 피해는 없으신가요?

우리 아버지는 폭풍이 온다는 걸 잘도 알아챘지. 그는 한바탕 쏟아질 때마다 중얼거렸다. "기쁜 마음 가득 안고 초대에 응했지만 결국 빈손으로 돌아가리라……"

\>
  죽기 전에 마지막으로 하고 싶은 것이 있다면?
  희망.

  다음 생에 하고 싶은 것이 있다면?
  희망.

  시시해.

  재미있는 말 좀 해봐요.

  제 선물은 아직 드리지도 못했는걸요. 당신이 괜찮다면 지금 드릴게요.

  ……불 끄고 날 봐요.

  "비바람이 언제 지나가겠습니까?"

  보지 못하는 자와
  듣지 못하는 자가

서로 부축하며 계단을 마무리할 때……

"인간의 마음은 언제 마취되겠습니까?"

취한 두 발이 육체를 집으로 끌고 갈 때……

다들 정신이 없나 보군.
쥐구멍을 찾아 헤매는 꼴이라니.
작은 마부여.
마차는 그곳에 잘 도착하였는가.

신통하다니요. 우리 아버지는 그저 비바람 피하는 데에 재주가 있었을 뿐이죠. 그는 마을에서 가장 유명한 떠돌이였는걸요. 보잘것없이 낡은 배낭을 메고요. 네? 아버지는 우리 집 정원에서 눈을 감았어요.

나는 우리 아버지가 피하지 못한 최초의 비바람이었습니다.

선물을 드리겠습니다. 불을 끄고 날 봐요.

제발 더 늦기 전에
날 좀 보라고요!

먹구름이 없다면
비바람은 무엇을 믿고 살아가야 하나.
너는 알고 있느냐. 나의 손보다
작은 발을 가진 마부여.

하지만 이런 선물은 이상하구나. 네가 내 앞에서 우는 모습을 보인 게 수십 번은 더 되는데……

마치 지금 처음 보는 것 같구나……

막이 오르면

　무용수는 의자에 앉을 것이다. 무용수는 발을 바라볼 것이다. 뒷골목에서 슈 샤인은 기다릴 것이다. 토슈즈를? 무용수를? 무용수의 무대는
　작은 규모의
　소극장이다. 창밖으로 폭우가 내리지 않았지만 무용수는 자신의 정원에 만개한 꽃을 상상했다. 지난여름이었나.
　지난여름이었지.
　유월 초에는 하염없이 열매 맺더니 칠월에는 모두 뭉개지더군. 그 많은 것을 우리 집 호두가 다 핥았던가. 그 많은 것을 호두가 다 핥았다고 하더군. 그러나 호두는 경련하지 않고.
　우체부는
　오늘도 반송 편지를 꽂는다. 무용수는 계속 편지를 보낼 것이다. 무용수는 반송 편지를 계속 받을 것이다. 폭우가 내리지 않았지만 무용수는 겁이 없고 온통 젖어 있다. 그날이 겨울이었나. 그날이 겨울이었다.

지평선에서 신기루

새롭고 깊은 즐거움으로

가볼까요?

당분간 누워 있기로 해요. 어쨌든 지금은 움직일 수 없으니까.

— 커피 한 잔이라도 할 수 없을까요?

당신 얼굴 망가졌네.
당신 목소리 갈라지고
새들은 기다리는 법을 모르지.
간병인은 당신 고통에 호응을 해줬다네.

지옥에 가더라도 우린 친구니까요. 내 말이

맞죠?

부러진 두 발을 이끌고 어디로⋯⋯

나는 꽃 도둑이 될 거예요. 들판에 빛이 쏟아지고 아아, 좋아라, 혼잣말을 하고요. 저기 들짐승이 다니는 오솔길이 있습니다. 한낮이면 반짝이는, 네, 그곳이요. 밤이면 미치기 직전의 새들이 오솔길에 모여 밀회를 갖는다. 지난주에는 린드가 밤 산책을 하다 새끼 새를 주워 왔대. 해 뜰 때까지 씻기고 보살폈는데 글쎄, 린드가 고열을 앓기 시작한 거 있지. 불쌍한 린드! 며칠 전에 나도 허공에 뒤집혀 있는 돛단배를 쫓다가…… 들어 봐. 정신을 차려 보니 내 두 발이 꽃밭에 파묻혀 있는 거야. 맙소사, 나도 모르는 사이에 빛에게 속아

넘어가다니.

행복했냐고요?

그럼요.

새롭고 깊은 즐거움.

졸도할 뻔했지요.

꽃 다 망가지고.

어린 간병인의 노래

― 지금 정원에 누가 있지?

― 아무도요.

― 그래. 누구도 없겠지. 손님들 떠나고 마부도 떠나고 나방도 잠을 청하는 시간.

― 나방은 지금 잠들지 않아요. 빛을 뜯어 먹죠.

떠나기 전에 아침밥을 차려 놓아야 한다. 삼 일째 체온이 내려가지 않는다. 이러다 심장까지 익어 버리겠어. 데이지, 아직 시들지 말아요.

새처럼 조용히 할게요.

안녕. 나의 이름은 '소년'이고 나이는 열일곱.
나를 막아 줘. 도무지 지치는 법이 없지.
듣고 있어?
인간들아. 나에게 사랑을 보내라.

노래가 퍼진다. 입에서 입으로 노래가 퍼진다. 소음처럼 퍼진다. 사람들은 노래를 부른다. 동네 아이들도 교도소의 범죄자도 노래를 부른다.

— 도둑질이라도 배우는 게 낫겠지.

— 나는 어리고 무식해요. 그러나 유치한 것을 싫어하죠.

— 걷기도 전에 비행하려고 하는구나.

진료 끝났어요.
발목은 이렇게나 차가운데 몸은 왜 불덩이죠?

어린 나이는 많은 것을 용서받는다. 우리는 그것을 영리하게 이용했다.
데이지는 그저 운이 없었을 뿐.
그렇지?

"엄마는 내가 무얼 해도 성공할 거라고 했지.
거짓말을 하고 싶다면 소설가나 되렴.

내가 당신을 살릴게요.
내가 당신을 실릴게요.
내가 당신을……"

선생이 학생을 망치는 법이지.
우리는 더 멋있는 걸 만들 수 있을 거란다.
피로 물든 붕대.
불태운 교복.
우는 얼굴.
먼 곳으로 도망가자.
단칸방에서 우는 얼굴.
걱정하지 마.
우린 괜찮을 거야.
덜덜 떠는 손으로 위로하기.
퇴폐.
우리가 사랑한 퇴폐.
우리 사이에 놓인 퇴폐.
그리고 마지막인 것처럼 잠들기.

그래요. 그래요. 당신 말은 틀린 적이 없으니까요.

지금 당신…… 살아 있는 인형 같아요.

그러나 가여운 데이지는 침대에 누워만 있지.

거울의 반대말

연못가에서 만났다. 한밤은 거울 안에 잠긴 채로 얼어붙었다. 아마도 고함을 삼켜 내려는 것처럼.

— 제가 당신을 보기 전까지 무얼 하고 있었나요?

"달과 어둠.
그들이 물빛을 차지하려는 대결을요……"

갑자기,

갑자기,

갑자기요.

폭우가 쏟아집니다.

모든 문은 열려 있었나요?

나의 노크를 듣지 못하셨나요?

— 저는 분명 "네. 들어와도 좋아요."라고 말한걸요.

>
폭우 속에서.

이상하죠? 물속에서 저는 당신을 선명히 바라볼 수 있는데요.
폭우 속에서.
이상하게 폭우 속에서…… 당신이 보이지 않아요. 빗물이 자꾸 가려서.

갑자기,
갑자기,

사라져요. 어둠 속으로 우리가.

당신은 그림자 같아요. 내가 다가가길 기다리죠. 제가 오기 전에 무얼 하고 있었죠? 또 그를 상상했나요? 우리가 다시 만나지 않는 편이 가장 좋았을 텐데.

연못이 다 삼켰군요.

— I can see you.

— I can see you, too.

달무리.

들개와 천재

> 언제부터 당신이 눈치챈 거지.
> 비우고 비워도 취하지 않을 때?
> 두 눈을 감아도 미래가 떠오르지 않을 때?
> 언제부터 당신이 나의 죽음을 예상한 걸까.
> "이봐, 친구. 조심하게나.
> 심장마비로 죽으면 흉측하니까."
> — J. D. 제임스

눈 쌓인 들판이구나. 들개가 무리 지어 떠돌고

죽은 것들을 물어 가는 밤이었다. 횃불의 배회를 유령이라고 부를까.

연, 네가 천장에 목매달지 않고

폭설 속에서 죽었다면 어땠을까를 생각해. 죽은 너를 보러 갔을 때 흩날리는 흰 조명이 나를 반겼다면 어땠을까를 상상한다.

깊은 밤을 어느 맹인의 사랑이라고 불러 줄까.

맹인의 사랑을 짙은 밤의 풍경이라고 불러 줄까.

횃불은 한밤의 비밀을 들추는 데에 능숙했다.

"작고 마른 검은 새였어요.

나는 검은 새에게 많은 것을 가르쳤지요.

검은 새는 날 선생이라 여기지만 나는 그의 연인.

꿈속에서 매일 입을 맞춰 주었어요."

나의 보석함에는 빛나는 것이 없고

빛바랜 사진, 네가 거기에서 웃고 있다. 방 안 가득 소독약 냄새.

환생한다면 눈보라 속을 함께 헤매고 싶습니다.
들개가 죽은 바람을 물어 가는 밤.
새끼 들개는 부모에게서 죽은 바람을 잘도 받아먹었다.
교육인가요.
사랑이군요.
작별을 이해하기 전에 마음을 모조리 깨닫고 싶어.
온 세상 눈보라가 비명을 지를 것입니다.
왜 그렇게 보세요.
내가 지독해요?
사건이 발생한다.
인간이 불을 사용한다.
인간이 열차를 만든다.
인간이 전기를 만든다.
인간이 기계를 만든다.
인간이 인간을 만든다.
이제 예전으로 돌아갈 수 없습니다.
보고 싶어.
보고 싶어? 나를?
대답을 들을 수 없습니다.

연민인가요.

체념이군요.

들개가 제 새끼를 핥아 주듯이.

눈보라가 녹아내리듯이.

깊은 밤.

그리고 짙은 밤.

햇불을 휘두르고 불의 영혼을 바라본다.

이제 두 눈이 사라져도

변명할 여지가 없습니다.

금방 갈게. 따뜻하게 입고 기다리고 있어.

이것은 천재의 사랑이다.

º 빛바랜 사진 뒷면에는 다음과 같은 글귀가 적혀 있다. "1×월 2×일. 더는 행복할 수 없을 정도로 행복했던 날. 나는 알게 되었다. 나에게 더 이상 행복이 남아 있지 않다는 것을. 이제 나는 불행할 일만 남았다."

반지성주의

그게 전부인가요?
당신답지 않다고 생각했어요.

내 인생이 납작하게 보였어? 내가 나의 비명을 듣는다. 귀는 망가지지 않는다.

입에 식칼을 물고 천천히 호흡하기……

물보라와 부드러운 피부를 혼동하지 않기.

나와 상관없는 일이라고 했다. 비 젖은 사람에게 우산을 잊은 거냐고 말하면 안 된다. 좌절하는 사람에게 실패를 예상하지 못 했느냐고 물어선 안 된다. 자식을 잃은 부모에게 신과 기도에 대해 말해선 안 된다.

분노가 치민다는 이유로 비난해선 안 된다.

― 그런데 당신, 이미 죽은 사람 아닌가요?

나는 시체를 흔들지 않는다.

\>

물에 잠기고 있는 당신을 향해 뛰어들기.

사람들의 비관적인 예측을 나의 미래라고 착각해선 안 된다…… 내가 구하지 못할 바엔 함께 가라앉기.

아나타가 あなたが

모과잼을 테이블에 엎은 게 누구였을까. 빠르게 치워. 개미들 눈치채기 전에.

신경 꺼. 그들은 네가 벽인 줄 알 거야.

눅눅한 식빵을 찢어 먹으면 기분 좋은 웃음.
당신이
당신의 웃음이
나의 입술로 전염되는 그때.

환란의 시대.
당시 사람들은 스스로 병들게 하길 즐겼다.
국적을 알 수 없는 외국인들이
골목에서 설탕을 팔았으며,
우매한 사람들은 정말 설탕이라 여기고 섭취했다.
분명한 건, 일부 사람들은
그게 설탕이 아닌 줄 알면서도 먹고
먹고
또 먹었다. 바보 같은!
더 바보 같은 사실은

사랑을 만들 만큼 취한 중독자들은 하나도 없었다는 것이다.

— 좋은 아침이에요. 리나!

하루카, 리나에게 고개 숙여 예를 표한다.

— 하루카, 반가워요. 오늘은 몇 그램의 설탕이 필요하죠? 아니면 케이크인가요?

리나의 제과점에서 빵 굽는 냄새가 난다.

— 리나, 전 오늘 작별 인사를 하러 왔어요.
— 여행이라도 떠나는 건가요?

하루카, 잠시 머뭇하다 입을 연다.

— 오늘 밤, 만월이 뜰 때 몰래 떠날 예정이에요. 그가 숙면을 취하고 있을 때요.

— 하루카는 그저 심술을 부리고 싶어 하는 거구나.

리나, 웃는다.

— 그의 몰골을 보았나요? 산송장이라는 말로 부족해요. 그는 자신이 병든 상태인 줄도 몰라요. 남부 지방에 명약을 만든다는 의원이 있다고 들었어요.

— 편지라도 남기고 떠나는 건 어때요? 말도 없이 사라지면 그가 몹시 힘들어할 거예요.

— 그는 제가 떠나려는 생각만 해도 눈치챌 거예요. 돌아올 때까지 잘 지내요. 리나의 빵이 그리울 거예요.

— 이런…… 하루카, 당신이 보고 싶을 거예요.

리나와 하루카, 짧게 포옹한다.

하루카, 집으로 돌아가는 골목에서.

'당신 아니면 누가 영혼을 훔쳐 가겠어. 위증을 한 사람은 내가 아니라 당신이잖아요. 모두가 겁쟁이야. 끝나지 않는 싸움만 반복하지. 나는 이 세상이 지옥이라고 믿지 않아. 영혼은 칼로 쟁취하는 거다. 펜과 마음이 아니라.'

하루카, 아직 집으로 돌아가는 골목에서.

'누군가 울고 있다. 나, 하루카는 분명 들었다. 누가 울고 있는 걸까. 방금까지 사위가 조용했는데. 누군가 울고 있다. 거기, 누구? 혹시 그의 울음이 여기까지 들린 걸까? 그럴 리가 없지. 그럼 리나가? 아니다. 그렇다면 누가 울고 있는 걸까.'

하루카, 집으로 돌아가는 골목에서 오랫동안 멈춰 서서.

'저 울음이 나를 움직이지 못하게 만든다. 얼마나 시간이 지난 걸까. 해가 지고 있는데. 그가 날 기다리고 있는데…… 아직도 누군가의 울음소리가 들린다. 그게 나를 저 먼 어둠 속으로 나뒹굴게 만들었다.'

하루카, 남쪽으로 발걸음을 돌린다.

'있잖아. 아무래도 안 되겠어. 1초라도 견딜 수가 없어. 이해할 수 있지? 나, 하루카를 아이 같다고 여기지 말아 줘. 아이들은 자기 자신까지도 속이지만 나는 너만 속일 뿐이야. 오히려 나 자신에게 무척 솔직한 편이지…… 다녀오면 약속할게. 매일 아침, 내가 너의 미소시루味噌汁를 끓일게. 기름진 빵도 사줄게. 설탕 맘껏 먹자. 어리석고 약한 너를 어쩌면 좋을까……'

하루카, 모과잼을 치우지 않았다는 걸 떠올린다.

걸음을 잠깐 주저한다.

타임캡슐

시간이 지나면 이 마음도 치기 어린 추억이 될 거라고 다들 말하지만, 나는 이에 대해 확신할 수 없다. 어렸을 때 동급생과 싸운 기억, 부어오른 그의 얼굴, 나 대신 무릎 꿇고 사과하던 사람들. 하나도 잊히지 않아서……

하늘은 다홍빛 불타는 시간에

은화를 챙기고 겁도 없이 창틀을 넘어 뛰어내렸어요. 지붕 위를 내달릴 때마다 짤랑거리는 소리가 들렸죠. 이건 항상 제가 기대했던 모습이에요.

소문 퍼뜨리기 좋아하는 새들에게 전하렴. 이제 그들의 죄를 사하겠노라고.

하늘은 다홍빛
불타는 시간에

새들이 모이는 다리에서 강가로 뛰어드는 사람을 보았다. 연인들은 타오르는 불길을 바라보며 속삭임을 나누었다. 그게 어디 있지? 약사가 내 손에 꼭 주었던, 너와 반쪽씩 나눠 먹으려고 했는데 말이야. 약통을 두들기면 타악기 소리가 들린다. 쿵 쿵 심장이 뛰고 호흡이 가빠질 때.

누군가가 불안을 내다 버리기 위해 인간을 만든 건 아닐까. 뒷골목에 쓰러져 있는 당신을 내가 주워 왔다. 불안을 전부 게워 내라고 두들겨 주었지. 도대체 나는 누가 내다 버린 불안이지? 있잖아요, 온 세상이 잠들었을 때에도 나는 어지러움을 느껴요. 나 빼고 모두가 춤을 추는 기분이고 나 혼자 쓰러지죠.

그렇다면 당신은 무용수가 버린 불안인가 봐.

당신은요?

어느 무명 감독이…… 미완으로 버린 필름.

"온 세상 개들이 한 번에 짖었으면 좋겠어요."

귀가 멀면 은화 소리도 듣지 못하겠지.

귀가 멀면 심장 소리는 어떻게 되는 걸까. 당신은 이토록 가까이 있는데……

비정만세

 한밤중에도 린 가문의 저택은 대낮처럼 환하다. 창문 밖으로 두 사람이 사라진다. "저들이 무사히 살아 나갈 수 있을까요?" "그럴지도 모르죠. 머리가 좋거나 재수가 좋다면." 거실에는 대리석으로 만든 책장이 벽면을 둘러싸고 있다. "저 벽난로는 우리 집 막내가 태어난 이후로 한 번도 불이 꺼진 적이 없답니다."

 이곳에는 눈 닿는 곳마다 윤기가 나는군요. 사물 하나하나 빛을 품고 발하는 것 같네요. 당신네 가문 사람들은 어딘가 여유가 있어 보여요. 사람을 대할 때 미소 짓는 입꼬리가 다르달까? 찻잔을 집는 손가락도 달라 보이고요. 심지어 이곳에서 일하는 사람들도 너무 친절하던데요. 모든 게 빛나고 평화만 가득해요. 전쟁이라는 단어와 그 뜻조차 모른다는 듯이······

 중앙 홀로 나가면 린 가문을 상징하는 문양을 곳곳에서 볼 수 있다. 린 가문의 문양은 붉은 원 안에서 금색의 수사슴이 물에 잠긴 모습이다. 고서에 따르면 어촌 출생의 어느 낭인이 검으로 대륙 최고의 자리에 올랐다고 한다. 황제는 낭인에게 영원한 부와 명예를 약속하였지만 낭인은 거

절한다. 대신 수사슴 한 마리와 수사슴에게 입힐 의복을 청한다. 황제는 즉시 금으로 수놓은 의복 제작을 명하여 하사한다. 낭인은 수사슴과 함께 떠돌다가 굶고 마른 아이들을 거두어 집을 짓고 살기 시작한다. 낭인과 아이들은 후에 린 가문의 시조가 된다.

"붉은 원은 무엇을 의미하나요?" 한 사람이 묻자 다른 사람이 허공에 칼을 휘두르는 시늉을 한다. "아무래도 대륙 최고였다고 하니까." 몸을 360도로 돌려 가며, 춤을 처음 추는 것처럼, 칼을 쥐어 본 적 없다는 듯이, 볼품없게.

그런 당신의 우스꽝스러운 모습조차 부러움을 자아내는군요.

당신은 깊은 산속에서 길을 잃은 적이 있다.
밤의 산은 짐승이 몸을 감추기에 좋고
인간이 몸을 감추기에 좋지 않은 곳.
적들이 당신을 뒤쫓고 있다.

대단한 날이야.

이런 날에 웃음이 나오다니.
웃는 건 위험 신호라고 누가 그랬더라.
한바탕 비나 쏟아졌으면 좋겠군.

몇십 년 사는 것이 인간의 일이라면.
몇백 년 죽는 것이 인간의 의무라면.
별들도 잠들었고 산새도 사라졌네.
저 멀리 횃불들이 조금씩 흔들리네.

3부

푸른 토끼의 해

밤새 떠들다가 네가 먼저 잠들었습니다.

혹은
꿈속으로 토끼와 놀러 갔나요?

토끼는 하얗다. 아니다. 꿈속 토끼는 푸른색이다. 토끼는 귀엽다. 토끼는 털이 많다. 토끼는 피부가 얇다. 토끼는 잘 웃는다. 토끼의 목소리에는 힘이 없고. 토끼는 하이톤으로 대화한다. 토끼는 잇몸에서 피가 난다. 토끼는 멍청한 인간과 약속한다. "우리 서로에게서 도망치지 말아요." 멍청한 인간과 약속한 토끼는 멍청하다. 푸른 토끼는 푸른 털로 덮여 있어서 흰 피부를 들킨 적 없다. 토끼는 하얗다. 토끼는 푸른색이다.

나는 알고 있어요.

나는 이제 상상할 수 있어요.

너의 등을 쓸어내리다 꿈을 꾸었다. 꿈속 나는 오솔길을 걷고 있었다. 눈앞에서 오솔길이 갈라지고 있었다.

꿈속 생각은 트럭이 아니다. 꿈속 생각은 달팽이의 점액질이다. 꿈속은 느리구나. 꿈속 토끼의 질주 속력은 몇인가요? 꿈속 내가 질문했다. "처음부터 다시 시도하세요."

나는 처음부터 다시 시도하였다.

나는 토끼의 언어를 모른다.
그냥 한국어로 함께 잠들자고 말했다.

행복해도 될까요?

토끼는 푸른 털로 뒤덮인 귀를 바짝 세웠다. 네가 잠들면 조용한 음악을 들려줄게.

함께하겠습니다.

"생물은 영원히 살 수 없지 않나요?"

그날 밤 토끼는 밤새도록 철창을 갉아댔다. 이빨이

간지러워서 너의 숨소리가……

자꾸 예민해지는 내 두 귀가.

집주인과 전쟁터를 위한 지침서

지붕을 감싸는 빛을 못 보셨어요?

사진 속에는 두 사람이 있다. 액자에 각인된 문구 : 19××년 6월 2×일. 수지와 데보라가 사랑과 함께.

마지막 술은 날 위해 남겨 두었나요?

사진 속 두 사람은 하나의 의자에 기대어 무표정했습니다. 손님들은 "참 화목한 가정이네요." 하하 호호 웃었다.

아무도 모르는 사실이 하나 있다. 사진이 찍힐 당시에 두 사람은 슬픔에 빠져 있었다.

반려견 맥스는 빈집을 뛰어다니다 창밖 소리를 듣는다. 데보라가 홀로 귀가하는 중이었다. 그것을 보고는 자는 척한다.

'가장 두려웠던 시간은 현관을 여는 순간이었습니다. 수지, 당신은 떠난 지 반나절도 되지 않았다…… 왜 스스로 위험을 향해 뛰어드나요. 나는 전쟁을 이해할 수 없다

고…… 이불에서 당신 체취가 선명해요. 저녁에 당신을 보지 않으면 잠들 수가 없어요……'

아무도 없는 강가에서
물을 죄다 쏟아 버린 강가에서
혼자 걷는 사람이 있네.
미안해요. 이름을 묻지 못했다오.

— 저도 당신처럼 그분을 볼 수 있다면 좋겠어요.
— 그의 살결은 어두워요. 그러나 연약해요. 너무……

넓은 침대가 나를 울게 만든다. 식탁 건너편 빈자리가 나를 울게 만든다. 아무도 신지 않은 슬리퍼가 나를……

맥스는 뛰는 걸 참 좋아하지? 널 항구로 데려갔어야 하는데. 군함에 오르는 수지의 모습을 보여 줄걸.

벽난로에 편지 더미를 던진다. 못 볼 거라면 없다고 믿는 편이 낫지. 안 그래요? 당신 이름은 재가 되었어요. 당신 이름은 연기가 되었어요. 맥스와 데보라가 증인임을 선

서합니다.

 댄스홀에는 춤추는 사람보다 구경하는 사람이 더 많았다. 댄스홀이란 춤을 구경하는 곳이군요.

 — 이리 와서 춤을 춰요.
 — 수지를 전장에 두고 춤을 추라고요?
 — 앞으로 계속 슬플 거예요. 적응하셔야죠.

 조명이 수도 없이 돌아간다. 이걸 세어 본 사람이 있을까.

 해안 도로에서 속도를 높이며……

 난장판이 된 집을 치울게요. 맥스는 행군이라도 하는 것처럼 당당해 보였다. 따뜻한 물에 사료를 불려 주고요. 옷을 켜켜이 개겠습니다.

 휘파람……

 당신이 살아 돌아오기 전에

내가 먼저 살아 있겠습니다.

그런 뜻이지요?

우리 집에 와요. 빚을 긍정한다면.

배우자가 된다는 건 마음을 가꾸는 일인가 보다. "할아버지는 어떤 분이셨어요?" 그때 우리 할머니는 입술 주름이 다 펴지도록 잔소리를 해댔습니다. *설거지를 미루면 가족들이 도망치게 될 거란다.*

뉴욕 헤럴드 트리뷴

 아무 일도 없었던 것처럼 굴 수 있는 걸까. 아무도 우릴 듣지 못했으면 좋겠다. 레아, 네가 제자리로 돌아왔으면 좋겠어. 이제 집으로 돌아갈 시간.

 어떻게 그럴 수 있죠? 쳐다보지도, 손 흔들지도 않았잖아요.

 나는 떠나기 싫어……

 내가 마음이 변했다고 한 적 있나요. 그저 새 장갑을 사러 가겠다고 했을 뿐이에요. 내가 다른 사람과 같이 가도 괜찮겠어요?

 나는 광장을 걷다가도 꽃다발을 구입했다. 혁명이 일어날 거라는 소문이 가득했고 온 도시가 불안으로 떠들썩했다. 레아는 어디 있는 거지? 이렇게 중요한 때에 무얼 하고 있는 거야?

 날이 추우면 장갑을 끼면 되지만
 폭염이 쏟아지니 손 가죽을 벗길 수 없더구나.

>

 어젯밤의 꿈 얘기를 할 때에는 귀신들이 듣지 않도록 주의해야 한단다.

 레아가 몸을 숨기고 있는 호텔에서.

 복도는 언제 끝나는 걸까.
 항상 이런 식이다.
 세상에는 문이 너무 많고
 열쇠…… 그것은 이빨이 너무 많다.

 "나도 노력했는데 바뀌지 않았다고요. 증오는 우리를 먹고 살게 해줄 수 있어요. 사랑, 사랑, 사랑, 이젠 다 지겹다고요! 위선자들!"

 사건은 지난달 블랙 먼데이에 발생했다.
 나무보다 더 많은 불이 숲에 있었다. 나무보다 더 많은 연기가 숲에 있었다. 숲에는 누구도 보이지 않았다.
 레아, 그날부터 너는 호텔에 오지 않았다.

삶이 끝난 뒤에
혁명이 성공하면 무슨 소용이야?

복도는 언제 끝나는 걸까.

보고 싶나요?
……손톱만큼.

듣고 싶나요?
……샹송 조금.

중간에 자주 서지만 내일 오전이면 도착할 겁니다.

 열차에서 내린 곳은 도시 외곽의 들판이었다. 폭염이 쏟아지는 어느 여름. 하염없이 걷다가 길을 잃을 뻔했지. 나는 머리 끈으로 들꽃을 묶어 너에게 주었다. 그게 무슨 뜻인지 눈치채기를 바라면서. 이곳은 수질이 좋지 않나 봐요. 손등에 붉은 반점이 올라와요. 빈혈기가 도지고 신물이 올라오는데도 레아, 나는 너와 함께 끝없는 들판을 걸었다. 땀 맺히는 손등을 벅벅 소리 나도록 긁어대며. 쏟아지는 코피를 움켜쥐고. 새로 산 장갑인데 다 버려서 어떡해요. 흰 장갑이었던 것이 흰 꽃 사이로 내던져졌다. 레아는 맨손으로 나의 얼굴을 문질렀다. 들꽃으로 피를 닦아 주다가, 붉게 물든 손등을 핥다가, 주근깨가 들썩이도록 웃으며 레아가 말했다. "들꽃에서는 들판 냄새가 나는군요."

 들꽃에서는 들판 냄새가 나는군요……

아이들은 아무리 뛰어도 지치지 않나 보다.
집으로부터 멀어지고 싶으니까?
아이들은 숨는 것이 그렇게 즐거운가 보다.
찾아 주는 사람이 있으니까?

아무 일도 없었던 것처럼.

 나는 식전 빵이 딱딱하게 굳을 때까지 손도 대지 않았다. 무화과잼이 담긴 병. 단단하게 뚜껑이 닫혀 있어 나는 잼을 발라 먹을 수 없었다. 빵에는 잼이 있어야지. 거기다 이건 촉촉한 토양에서 자란 무화과라고.
 네가 빨리 와야지. 어서 와서 뚜껑을 열어 나에게 잼을 발라 줘야지.

  곰팡이 따위를 기다리고 싶지 않아.

  사건은 지난주 주일에 발생했다.
  벽돌보다 더 많은 불이 건물에 있었다. 창문보다 더 많은 연기가 건물에 있었다.
  온 거리에 방화 소식을 알리는 신문지가 휘날렸다.

  한낮의 옥상에서 종이비행기를 날리는 것처럼.

  우리의 머리 위로
  폭죽이 노래 부르고
  뒷골목의 어둠은 애정도
  범죄도 모두 감춰 버리죠.

  한밤의 거리에서 취한 채로 춤을 추는 것처럼.

  집으로 돌아갈 시간이 지나도
  거리를 헤매는 아이들을 사랑해.

>

골목에선 쥐의 언어로 쥐와 대화해야 한다.
사랑은 가끔 주정뱅이 같지.

애야, 샹송을 불러 본 적 있다면 부탁해도 되겠니. 꽃다발이 죄다 시들 때까지……

발목 족쇄 끊기

두 사람은 포도주를 들고 다투다가 그만 놓쳐 버렸다. 바닥에 흐르는 포도주를 사이좋게 핥아 먹던데요.

나의 얼굴을 볼 수 있기를 기도하겠습니다.

"나를 두고 누구와 대화하는 거예요. 등 뒤에서 닫히는 건 나의 입술이 아니라 문이어야 하잖아요. 내가 문이 되어 당신의 뒤에서 닫히길 원하나요. 원한다면 그렇게 할게요. 누구도 당신을 엿들을 수 없도록……"

저에게 떠나라고 해봐요. 다시는 보고 싶지 않다고 말해 보라고요. 사랑하는 사람을 보고도 너무 굳어 있잖아요.

그러게요. 문이 닫혀 있네요.

동이 튼 지 세 시간이 채 지나지 않았다. 그는 분명 어젯밤 늦게 잠들었는데. 무엇을 그리 찾아 헤매는 거야. 빛? 한낮의 고함?

빈손으로 오다니? 사랑의 묘약을 얻어 오라고 한 것도

아니잖아. 축배를 들려고 했는데. 빈 마음이라니? 만개한 꽃 사이에서 길을 잃었다니? 대체……

  미술관 폐장 시간.
  석고상들은 밤새 텀블링을 하지. 곤봉을 던지거나 석고 사자를 길들이거나. 수다를 떠는 일은 없지만 근육이 부서지는 일도 없다. 해가 뜨면 모두 원위치로 돌아간다. 하룻밤의 일.

  당신은 자꾸 불안이란 걸 천칭에 올려놓는다.

  — 우리 가문 사람들은 멀리 떠나기 전에 신전에 제물을 받치곤 했대요.
  — 당신도 그랬어요?
  — 바로 어젯밤.

  이상하게 눈물은 밤에 더 잘 보인다. 작은 빛이 흐르는……

  축하해요. 애정을 보여 줄 수 있는 사람이 생겨서. 정말

축하하고 잘 지내야 해요. 그런데 나는…… 부끄러워서 살 수가 없어요. 나는 당신이 날……

한창 아름다운 꿈을 꾸고 있었나 봐요.
저는 왜 이렇게 어리석을까요.

언제든 문을 두들겨요. 길게 두 번. 짧게 한 번.

병사들도 모르는 이곳으로.

onlyinyourdreams

> 목숨을 건다는 것은 영혼을 증명하는 일이 아니다.
> 당신의 목숨은 너무나 쉽게 사라질 수 있다.
> 그저 그럴 기회가 없었을 뿐이다.
> ― Dr. Lou Kim

― 사실을 말해 주세요. 그를 경비병에게 넘겨 멀리 보내야 하나요? 내가 그것을 견뎌야 하나요?

― 그렇지 않으면 섬으로 추방당할지도 몰라요.

거리는 아직 불씨가 꺼지지 않은 채였다. 지역 경계선을 넘으려는 이들을 모두 사살하라는 명령이었다. 무슨 이유로? 대체 무슨 이유로……

거리에서 깨어난 사람.
그는 자신이 꿈을 꾸는 중이라는 걸 알고 있었다.
너무 흐릿한,
그러나 취했을 때보다는 선명한 꿈을……
그는 거리를 쏘다니며
이웃과 친구의 집을 두들겨 보았지만
아무도 문을 열어 주지 않았다.
'맙소사. 그들이 진짜 사라지길 바란 선 아니있는데.
지금 꿈 밖에서 다들 뭐하고 있는 거지?
너무 오랫동안 꿈을 꾸고 있는데

왜 아무도 날 흔들어 깨우지 않는 걸까?

아버지……

보고 싶어요. 아버지……'

……

……

파비오! 이리 들어오세요.

당신 이름이……

메이.

메이……

꽃병 좀 보세요. 금방 시들겠어요.

그런데 이곳은……

쉿. 나도 알아요. 우린 사랑에 빠졌으니까요.

우리가? 지금 무슨 말을 하는 거지?

(laughs) 당신은 정말 농담에 재능 있는 분이에요. 이러다 저 정말 상처받겠다고요.

농담할 기분 아니야.

농담할 기분인 줄 알았는데요.

우린 애인이 아니잖아.

아니. 우린 사랑에 빠진 사이인걸요.

― 베티, 거기 있느냐. 큰 망토를 준비하거라. 새벽 미풍에도 하늘거리는 망토를. 억센 갈대숲을 통하면 들키지 않을 것 같구나. 망토를 어서…… 나는 그를 쫓아 지역 경계선을 넘어가야 한단다.

주인님. 본부대로 할게요. 당신을 막을 수 없겠지요. 대신 하나만 기억해 주세요.
경비병들은 먼저 쏘고 나서야
이유를 물어보곤 한답니다.

"파비오는 명예를 존중하는 신사였습니다. 그가 어린 손으로 직접 아버지를 묻을 때에도 저는 그의 곁을 지켰었죠. 파비오가 생각하는 것보다 저는 그를 잘 이해한다고 확신합니다. 절 믿으세요. 그는 떠나야 합니다. 아주 짧은 한낮의 꿈속으로……"

혼수상태 속에서
파비오는 중얼거렸다. Mei······

들려요?

들려요.

말해 줘요.

찌르레기 소리.

더 정확하게 말해 줘요.

매그놀리아의 찌르레기 소리.

또?

하얀 달빛으로 물드는 매그놀리아의 찌르레기 소리.

또?

메이, 당신 목소리.

Mei…… 라고 파비오는 읊조렸다.
나는 당신을 따라 지역 경계선을 넘을 거야.
한밤에 나룻배를 띄우고
당신을 의사에게 데려가겠어.
좋아. 나는 견딜 수 있다.
이것은 패션쇼에 가는 게 아니니까.
내가 그렇게 바보 같아?
파비오,
나는 당신 아버지 무덤을 알지 못해요.
나는 당신 무덤을 알고 싶지 않아요.

베티, 망토는 준비가 되었느냐.
돌아올 때까지 네게 이 집을 맡겨도 되겠지?
갈대밭이 달빛으로 하얗게 물드는 시간.
그때 출발하면 되겠구나.

캐노피 마음

모든 생물은 꿈을 꾼다. 다만 그것이 꿈인지 모를 뿐.

이만 갈까요?

선전용 전단지가 흩날리고 있었다. 영원한 저항은 없지. 그것은 단지 믿음.

거리를 이롭게 하는 것들의 목록—마드모아젤이라 부르지 않는 것. 낡은 만화책을 돌려 보는 것. 보고 또 보는 것. 악인들이 원하지 않는 말을 하는 것. "맞아. 우린 미친 마음의 주인이야!" 유행가, 유행가를 반복하지 않는 것.

사랑하기 때문에 상대를 구속한다니?

목동은 왜 양을 키우는 걸까. 약을 오남용하는 애들은 왜 꿈속을 헤매는 걸까. 가짜인 너. 가짜 마음을 가진 너.

부모님이 너에게 평범한 이름을 주신 거에 감사하렴. 죄를 지어도 누구도 모를 테니. 나는 거리의 마음을 팔지 않아. 너나 나가 죽으렴.

인쇄 활자.

2층 건물.

갓난아기가 발코니를 이해하지 못해서 기어간다. 어어,

하다가 달려가는 사람들. 간신히 아기를 받아 내는 사람들.

— 눈을 감으면 가끔 당신이 보여요.
— 그게 내 영혼이에요. 당신이 훔쳐 간.

한 침대에서 같이 깨어날 수도 있겠습니다.

나는요. 많은 걸 이해할 수 없는 내가 너무 좋아서요.

세상에는 미친 사람들이 많아서요. 그게

나였을까요?

나는 선한 마음이 어떻게 생성되는지 연구했어요.
그것은 악행의 반대편으로 걷는 것.

아름다움. 아름다움.

아니요. 나는 그렇지 않아요.

라이트 하우스

 붉은 게는 자신의 몸이 붉다는 걸 알까. 이건 항상 내가 기대했던 모습이에요.

 등대의 불빛이 정신없이 돌아가요.

 우리는 독한 술을 먹다 말고 모래사장에 병을 꽂아 둔다.
 시간이 없어. 이제 마지막 밤이 지나갈 거야. 어서 은화를 챙기세요.
 민준, 나와 함께 겁도 없이 해변 위를 도주하기로 해요.
 어제 아침, 나는 잠에서 덜 깬 너의 얼굴을 보았다.
 이불 속에 몸을 파묻으며 차가운 잠을 청한 걸 알아.
 꿈의 연인에게 못다 한 말이 있다며 잠을 청한 걸 알아.
 아직 배가 고프지 않다며,
 창문으로 쏟아지는 햇빛의 조도가 마음에 들지 않는다며,
 파도 소리를 견딜 수 없다고 민준, 너는 차가운 잠을 더 청했고
 네가 할 수 있는 모든 행위를 나와 함께하고 싶다는 걸 알아.
 한 잔 더 해도 될까요?
 내가 당신의 시간을 뺏는 건 아닐까요?

기대와 두려움이 뒤섞이는 얼굴을 보여 주지 말아요.
우리 빈곤한 영혼을 위해 애도를……
절벽 위를 달려 볼까요. 몰래 도주하기 좋은 곳.
우리는 그곳에서 해변의 모든 얼굴을 내려다보았다.
— 아침이 오기까지 얼마나 남은 거죠?
— 노래 다섯 곡쯤……
나는 사람들을 착각에 빠지게 할 수 있어요.
눈먼 마음으로 다가가 절벽으로 몰아세우기.
당신을 붙잡으려 손을 내밀다가 끝내 밀쳐 내기.
우리는 가족이 될 수도 있겠으나
영영 남이 되겠지.
마침내 등대가 우리를 찾아낼 때
내가 흰빛으로 서 있겠습니다.

붕대가 느슨하게 감겼어요.

내 생채기가 춤추고 있다고 말해 줘요.

민서 이야기

선물 받은 검은 까마귀도 뒷전이었으니까.

— 나는 끔찍한 병에 걸렸어요.
— 뭘 잃어버렸나요? 어젯밤을요?

네. 민서를요. 그를 잘 모르지만 저는 그가 하라는 대로 할게요.

민서가 저를 그리게 될 날이 올까요?

침대에 무슨 짓을 한 것인지 모르겠습니다. 댁 강아지가 떨어질 줄도 모르더군요. 내가 잠드는 곳에서 자꾸 뒹굴잖아요.

소문 퍼뜨리길 즐기고 피부 안 좋은 옆집 이웃한테 들었어. 네가 끙끙대며 민서와 케이지를 옮겼다며. "도마뱀을 나르는 건 또 처음이군." 그렇게 말했다는 걸 다 들었다.

헛걸음하셨군요. 죄송해요. 저희 집주인이 동물과 함께 살아선 안 된다고 하네요. 금붕어도 안 된다는데 걔네가 뭐

짖기라도 하나요?

— 어릴 때 두 가지 꿈이 있었어요. 하나가 우편배달부였죠.
— 나머지는요?
— 조종사요. 커다란 여객기나 화물기 같은……

민서는 욕조에 오래 잠겨 있는 친구였습니다. "언제까지 있을 셈이야. 피부가 다 불어 터지겠다." 문을 막 두들기는데도 욕조에서 뭘 하는지 대답도 없더군요.

민서, 당신이 너무했어. 항구에도 오지 못하게 하다니. 이제 당신은 파도에 흔들리는 침대에서 잠을 자게 되겠지. 매일 꿈에서 출렁여야 할 거야. 불쌍하다. 그치? 참 불쌍하구나.

이 이야기는 1942년 겨울 제2차 세계대전 당시 화목한 한국 가정의 이야기다.
만일 예수가 못에 박혀 죽을 때
 그곳에 웃는 이가 있었다는 사실을 알았더라면

이후 한국 사람들의 가치관은 크게 바뀌었을지도 모른다.

훌륭한 데스마스크다. 당장이라도 민서의 목소리가 들릴 것만 같아요.

어느 날은 꿈을 꾸었다. 꿈속에서 낮잠 드는 꿈을 꾸었다.

무사히 왔구나.

다 젖었네?

민서는 김이 모락모락 나는 욕조에서 걸어 나왔다. 알아. 먼 길을 항해하느라 힘들었겠지. 총을 쥐고 또래를 겨냥하는 게 널 망가뜨렸을 거야.

환기 좀 하자.

민서는 화장실 문.

나는 창문.

힘껏 열었습니다.

민서, 보고 있어? 두 안개가 뒤섞이는 모습.

당신의 형제가 되기까지

 어째서 인간에게 와인을 주신 걸까. 아버지, 저는 너무 멀리 도망치고 말았어요.

 주저하지 마세요. 당신은 그 애에게 자신을 내던져야 하죠.

 이야기를 해야 한다. 그래. 무슨 이야기든 해야겠지. 며칠 전에 나는 식료품점에 가다가 졸도하고 말았지. 좋아. 나는 취한 채로 호텔 방에서 깨어난 적이 있었어. 21호실? 아니면 9호실이었나? 예전에 나는 선한 사람을 비난했고 성당에 가서 죄를 고했지. 그래. 당신은 언제나 죄를 지으니까. 그래. 당신이 죄를 짓는 것처럼. 가끔은 모르는 이와 손을 맞잡은 채 떠들고 싶어. 테이블에 엎어져 엉엉 울면 어떡하려고. 그래. 그게 나를 괴롭혔지. 왜 자신을 찾아오지 않았냐면서 나를 두들기더군. 그가 나를 자신의 집에 데려갔으면 했어. 갈 곳이 없었거든. 그래. 갈 곳이 없었겠지. 나는 그저 조금 졸릴 뿐인데……

 이번 겨울에 눈 쌓인 곳을 함께 가는 건 어때요.
 좋은 생각이에요. 나에겐 머플러가 많거든요.

당신이 부르면
기꺼이 밤을 헤매겠습니다.
나의 형제여.
나에게 당신의 마음을 그려 놓지 말아요.

러시아어 발음하기

오늘입니다. 딸기밭에 다녀왔어요.

당신은 그곳을 싫어한다고 했지만.

세상 사람들은 집에다가 이름을 붙여 주지 않는다.
우리 집 이름은 '돔'이고요.

새끼손가락 걸고 엄지도
맞댔습니다.

기억나요?

나는 나의 밑바닥을 인정하기로 했다. 지난 애인들의 야만과 폭력 속에서 살아남은 내력에 대해.

당신이 모두 들었지.
이게 나다.
이게 나라고요.
똑똑히 들었습니다.
당신의 환한 두 귀로.

\>

단내가 진동한다. 코가 다 문드러질 정도로……

우리 각자
3년 뒤에도 짝이 없다면. 약속했습니다.
서로의 배우자가 되기로.

벽돌 틈에 끼여 죽고 싶던 날.

— 기요틴으로 죽는 상상을 하곤 했어요. 당신은요?
— 무관심이 나를 겨냥할 때……

나는 언제나 술래다. 나는 당신을 가능한 부드럽게 잡으려 노력한다.

어?
나의 코가 언제 썩어 흘러내린 걸까.
두 발은 언제 잘린 거지?

두 번 포옹하고 영영 안녕하겠습니다.

죽은 사람에게 절을 올리듯이.

불안은 나를 망망대해에 빠뜨린다. 그리고 파도를 만들지. 내가 휩쓸릴 수밖에.

그래. 나는 마음을 돌려받지 않기로 했다.

술래는 언제나 나의 역할.

이제 당신을 찾지 않겠습니다. 개가 되고 싶어도 코가 없고. 잘린 발. 당신을 찾으려다가.

딸기밭. 너무 넓어요.

작은손

미소 짓던 환자에게 피곤한 기색이 없었습니다.

평화롭게 가시도록 두겠습니다.

네, 물에 빠진 생쥐 같다고요?
……
……
제가요?

그냥, 그냥 울음이 나와서요……

저에게 작별 인사하는 법을 알려 주세요.

손을 흔들겠습니다. 나의 그림자와 함께.

격렬하게.

목련은 나의 것

― 진짜 몰라요? 이 음악 분명 같이 들었단 말이에요. 어떻게 모를 수가 있어.

― 손님이 오셨습니다.
― 그럴 리가.
― 중요한 메시지가 있다는데요.

지난밤, 너는 거리를 헤매었지. 집을 찾지 못할 정도로 잔뜩 취해서…… 내가 너의 손에 쥐여 준 목련, 너는 그것을 무참히 휘둘렀다. 어둠을 내쫓으려는 듯이. 허공을 향해. 흰빛이 흩날렸지. 나의 두 눈 안에서. 너는 춤을 추는 것처럼. 비틀거리는 꽃잎들.

'연약한 나의 그림자.
당신 그림자에게 붙잡혀 버렸네……'

이제 나는 당신이 흰옷을 입지 않아도 당신을 발견할 수 있다.

다음은 나의 기억에 의한 지난밤이다.

나는 한 손에 목련 다발을,
다른 손으로 당신의 손을 붙잡고 거리를 헤맸다.
집으로 가야 해……
머릿속에는 그 생각만 반복되었다.
내가 당신의 목련을 휘둘렀다니?
붉은 우체통을 끌어안았다거나
비둘기를 걷어찬 것은 내가 아니었을 텐데.
물론 이것은
나의 기억에 의한 지난밤 이야기.
나는 당신보다 더 취했으니까
당신이 옳겠지.
미안해. 나는 너무 약하고
당신에게 그걸 들켜 버려서.
집으로 가야 하는데…… 시간이 다 됐는데도
막차가 오지 않아서.
나의 그림자를 대신해서
나를 데려다줘요.

4부

불과 몸통

 너는 잠에서 깨어난다. 너는 그것을 생각한다. 그것은 움직이지 않는다. 숲속. 나뭇잎 부딪히는 소리. 까르르 웃음. 사방이 녹색이고. 그리고 흙바닥이고. 너의 손은 그것의 감촉을 기억한다. 숲은 거대한 새장. 나무의 몸통으로 만든 음악에 대해. 흐릿하다. 귀가 멀었나. 너는 아무것도 듣지 못한다. 새가 지저귐.

 그것은 움직이지 않는다. 그것은 불탄다. 그것은 빛으로 둘러싸여 있다. 그것은 숲의 일부다. 그것은 새를 가둔다. 그것은 열기다. 너는 그것이 잠에서 깨어나는 장면을 본다. 그것은 단수이자 복수다. 그것은 뼈다. 그것은 소리다. 너는 피부색이 어두운 아이들을 본다. 그것은 남쪽으로 기울어진다.

관자놀이에 푸른 점

더운 비

나의 마음은 발바닥 오목한 곳에 담겨 있습니다. 난장판이 된 나의 책상. 쏘지도 않을 이 권총은 뭐지? 곰팡이 핀 식빵은? 밑창 뜯어진 신발을 신고 잘도 걷는구나. 욕도 제대로 배우지 못한 입술이 시커멓게 죽어 갑니다. 지난밤, 나를 떠나면서 "아름다운 영혼이에요. 당신은 정말 착해요." 이제 다 끝났는데 당신은 그런 말을 하다니.

잠에서 깨어나면 밥알을 씹는다. 커피를 연하게 내리고 삼킨다. 온몸 곳곳 살아 있습니다. 나는 아직 살아 있다. 나의 마음이 아직 살아 있다고. 나는 산 자의 마음을 증명하기 위해 공원에 드러누웠다.

빗물이 얼굴 위에서 짓이겨집니다. 뜨거워……

너무 많은 소음. 너무 많은 바다. 너무 많은 축제. 너무 많은 현기증. 너무 많은 빗방울. 너무 많은 벌레. 벌레. 더운 벌레 떼…… 누워 있으니 빗방울이 쏟아지고 벌레들이 귓구멍으로 기어 옵니다. 벌레가 춤을 추면

나를 이해하게 되어요? 마음.

갈비뼈가 앙상하고
가지 같다.
부러져?

미끄럼틀을 타는 아이들처럼.
……나의 기쁨과 비명, 들려요?

괴로움은 슬픔의 친구입니까. 과거는 마음을 오리고 천천히 조각낸다. 누구도 날 한 번에 부수지 못해요. 썰물에 쓸려 가는 모래성. 나의 머릿속에는 빗방울로 돌을 깎는 조각가가 있습니다. 더 얇게. 더, 더 얇아질 때까지…… 이것은 시간에 대한 이야기다. 인공 정원이라고? 돌을 깎아 만든 게 대못이라고?

차라리 이 빗물로 얼굴이 녹아 버렸으면……

참 부드러워요.

무궁화, 무궁화, 너 혼자서

쿠키가 습기를 사랑한다.
나는 머리칼이 젖어 있다.
왼쪽 귀로 들어온 안부가 오른쪽 귀로 빠져나간다.
목이 퉁퉁 부은 너는 괜찮다며 눈물을 쏟는데
잠들 때까지 목소리를 들려줄게.
우리가 목구멍 크게 열고 웃으면
얼굴 위로 꽃잎이 어지럽게 회전합니다. 꽃, 꽃, 좋아요.
나무 조금 베어 가도 숲은 숲.
묘목 몇 그루 심어도 숲은 숲.
망가지는 게 왜 일상이라고 생각했니. 너무 울어서 옆구리가 따끔거립니다.
피 흘렸네. 늙은이들은 너무 많은 음악을 들었으니까.
늘어졌으니까. 그들의 몸과 카세트테이프가.
기쁨을 조금 베어 가도 마음은……
슬픔을 몇 그램 심어도 마음은……
안녕. 젖은 채로 춤을 춰봤니.
샤워기 소리에 울음을 섞어 본 적 있니. 나는 몰라요.
마음 몰라요. 위로 몰라요. 꽃밭 이목구비 쏟아지고

모른다고요. 숲 몰라요. 쿠키가 흘러내리나요.
한국은 여전히 비 내리고 있어.
꽃 좋아요.

내 친구 제레미

　내 친구 제레미의 책상과 나의 책상 사이에는 줄이 그어져 있다. 수업 중에 제레미는 말했다. 이 선을 넘어오면 그때 넌 죽는 거야. 제레미는 킥킥거리며 커터 칼로 연필을 깎았다. 그는 동네 형들과 담배를 피웠고 언제나 무리 지어 다니길 즐겼다. 낮과 밤마다 선에 대해 생각했다. 보도블록을 걸으며 선 밟지 않기. 화장실 타일 위에서 까치발로 씻기. 학교 복도에는 선이 많았고 나의 발은 자꾸 얇아졌다. 다음 날에도 다다음 날에도 나는 선을 넘지 않았다. 어느 쉬는 시간에 제레미는 말했다. 혹시라도 네 볼펜이 이 선을 굴러 넘어오면 바로 부숴 버릴 거야. 볼펜 말고 내 손이 넘어가면? 네 손목을 썰어 버릴 거야. 연필을 깎는 그의 커터 칼이 더러웠다. 한밤중에 거리를 걷다 보면 봉투를 뒤집어쓰고 헥헥거리는 또래들이 많았다. 제레미도 그중 하나였을까? 밤에는 선이 잘 보이지 않았다. 걸음마다 눈을 크게 떠야 했다.

202×년 1×월 2×일 ×요일. 곳곳에 비.

환자분은 너무 소홀한 것에 매달리고 있습니다.
한 번에 하나씩 생각했나요?
너무 많은 생각으로 스스로를 괴롭히진 않았나요?
터졌다고요? 아, 머릿속에서 섬광이요.
네. 머리카락을 뽑을 때마다 번갯불이 일었다고요.
그래요. 수많은 사람이 귓가에 대고 떠든다고요.
네. 네. 지금 이 순간에도요……
일단 처방전을 드릴 테니
읽어 보시고 문의가 있다면 언제든 연락 주세요.
조심히 가시고요. 2주 후에 뵙겠습니다.

Date : 2×/ 1×/ 202×. Dr. Jane Huh.

Medication : Alprazolam 20mg, Prozac 30mg, ××××× 20mg, Movie <Kick the Pigeon>, Compact Recorder, Lower

Nicotine Vape, No Caffeine, No Music, No Talking.

Dosage : Take two times a day, With Alcohol.
Quantity : 2 weeks.

Dr. Lou Kim. (signature)

J'aime la danse

　오래전에 버려진 낭만처럼. 폴라로이드 필름은 색을 잃어 가고 있었다. 저녁이 되면
　국 끓이는 냄새가 진동하는 마을……
　김이 모락모락 퍼지는 굴뚝들을 지나
　수줍게 인사 나누듯 공원에 들어섰지.
　앙상하게 뼈를 드러낸 개는
　여전히 공원에서 굶주리고
　분수대, 물을 힘껏 쏘아 올리며
　어린이와 노인을 동시에 기쁘게 하는 일.
　내가 그 풍경을 사랑하기도 전에
　어둠이 먼저 그들을 모두 삼켜 버렸다.

의자에 앉은 채로 꿈을 꾸다가
어둠 속에서 맹수의 눈빛만 선명할 때…… 오로지 나는 혼자서 슬프게 되었다.

이상하다.
이상하지.
춤이라는 것, 그것은 언제나 둘을 의미한다.

— 고장 난 라디오…… 나는 그런 걸 고칠 줄 몰라요. 멍청하고 무능한 인간이죠.

어깨에서 발목까지.
발목에서 마음까지.

나는 언제나 공원과 함께했습니다.
무릇 반려동물이 그곳을 뛰어다니듯이
공원을 세상의 축소판이라 여겼지요.
낮이면 공원의 전체를 바라보곤 했습니다. 그곳엔 슬픔이 없죠. 그런 걸 몰라요.
낮의 공원은 제 배를 갈라

내장까지 보여 주려고 안달 난 것처럼 보입니다. 너무 많은 것을 볼 수 있기 때문에

너무 많은 것을 보았다고 착각하게 됩니다.

그런데…… 혹시 알고 있습니까.

밤의 공원은 온갖 종류의 사람과 마음을 삼키곤 한답니다.

우리는 공원이 무엇을 삼켰는지

아침이 될 때까지 알 수 없죠.

어느 날, 밤의 공원에는 순례를 마친 두 백인이 있다.

— 이곳은 너무 어둡군. 눈 감은 어둠보다 더……
— 지친 얼굴을 숨기기 좋은 곳이니까요.
— 당신 표정조차 보이지 않는걸.
— 슬퍼요?
— 조금. 아주 조금.
— 누굴 묻어 버리기에 좋은 곳이에요.
— 누굴 묻어 버리기에 좋은 밤이지.
— 만약 누군가를 죽여야 하는 일에 휘말린다면 "그런 건 동전 던지기로."라고 말하세요.

\>

쏘지도 않을 권총을 들고 다니면서……

장우산을 휘두르며 전구 깨뜨리기

머리 위에서 터지잖아요.

섬광이?

아니. 폭죽이……

공원에 조각상이 들어서도 공원은 공원.
공원에 시체가 발견되어도 공원은 공원.

 빗방울이 땅바닥을 힘껏 두드릴 때에도, 벌레 떼가 흩어지고 모이는 광경을 보면서도, 머리카락을 뜯을 때마다 번쩍거리는 섬광 속에서, 동시에 수십 가지 생각이 빛으로 쏟아지는 와중에도……

문득, 이라는 단어가 문득 떠오르는 때가 있지 않나요.

악몽의 연속이군.
발작하며 깨어나 찬물을 들이켜는 새벽.
흥건히 젖은 목덜미의 열기를 식히며
눈물을 쏟는다면……
혼자
허공에
욕을 지껄이다 깨어나고
무슨 꿈이었더라…… 찬물을 마시다 말고
멍하니 앉아 녹음기를 켜는 것입니다.
"오늘도 꿈에서 그 사람이 나의 작품을 형편없는 걸로 취급했다. 예쁘고 따뜻한 이들의 마음을 도적질이나 하는 그 사람이 나의 작품을…… 나는 모두를 도울 것이다. 나에게 그럴 힘을 주시옵소서. 비록 내 몸에 붉은 반점이 피어나고, 목덜미가 부어올라 찬물 한 모금조차 삼키지 못하더라도, 나는 나보다 그들을 위해 살 것이라 맹세하오니……"

꿈의 마지막 페이지가 기억나지 않는다.

한순간이지?

방금 경험한 비극도
기억하지 못하는 바보가 될 때까지.

One by One

니코틴 조금이지만
담배 연기는 예쁜 형태.

두 백인이 공원 벤치에 앉아 비를 맞고 있다.
서로의 얼굴에 연기를 뿜어대며 웃는다.

취한 얼굴.

― 제가 망설이니까 오스카가 뭐라고 했는지 알아요?
― 뭐라고 했는데? 눈알도 뽑아 줄 수 있다고?
― 진지한 얼굴로 말하더라고요. "내 마음은 발바닥 오

목한 곳에 담겨 있어요……"

다시 큰 웃음.

— 그래서 고백을 승낙했나? 오스카가 좀 고지식해도, 이런, 비 때문에 담뱃불이…… 솔직한 편이지.
— 여기, 라이터요.
— 고마워. 그래서, 고백을 받았다고?

아니요. 저는 오스카에게

"동시에 두 사람과 사랑에 빠지기 싫어요. 그러니 당신이나 애인, 둘 중 한 명을 죽여야겠어요."

라고 말했어요.

어려워요. 한 번에 하나씩 생각하기……

내 친구 제레미는 내가 선을 넘기를 바랐겠지만 나는 그러지 않았다. 내 볼펜을 부수고 필통을 빼앗고 나를 울리고 싶었겠지만 나는 그러지 않았다. 어느 수업 시간, 제레미는 샤프로 내 팔뚝을 쿡쿡 찔렀다. 야, 선 좀 넘어 보라니까? 나는 제레미에게 눈길조차 주지 않았다. 제레미는 약이 바짝 올랐는지 더 세게 나를 찔러댔다. 내 팔뚝 위에서 샤프심이 하나둘 부러졌고 피가 빠르게 돌기 시작했다. 나는 시계를 쳐다봤다. 수업 시간이 끝나기를 기다리고 있었다.

누가 보았을까. 팔뚝에 샤프심이 박히는 동안. 누가 보았을까. 그때 나의 마음을. 누가 보았을까. 시계만 바라보던 나를 누가 보았던 거지?

— 그래서 애인과 오스카 중 누구를 죽였지?
— 글쎄요…… 내가 그럴 사람으로 보이나요?

쉬는 시간을 알리는 종이 울린다.
제레미의 관자놀이에 연필이 박히자 아이들이 비명을 지른다.

— 저기 바닥에 누워 있는 남자, 죽은 걸까요?

— 저렇게 비를 맞고 있다간 죽을 테지.

그래도 공원은 공원이고 나의 마음은 내 것이죠?
나는 흔들리는 나를 믿었습니다.

참 부드럽지요.
당신의 발음.
얼굴은 녹지 않아요.
이것은 시간에 대한 이야기.

무궁화,
나는 무궁화와 함께 당신을 기다려요.
당신이 떠나가며 마지막으로 했던 말,
음악처럼 중얼거리며
나 혼자서
나 혼자서
편지가 오길 기다리고 있죠.
なかったなかった……
なかったなかった……

비둘기 걷어차기

등장인물

프레디 공원에 거주하는 사람
유즈키 공원 바깥에 거주하는 사람
다빈   개

장소

어느 공원

기술자를 위한 노트

이 작품은 공원에서 시작해서 공원으로 끝난다. 기술을 이용하여 공원을 사실적으로 묘사할 수 있겠지만, 상황에 따라 간단한 소품 하나로 묘사해도 무방하다(ex_벤치, 분수대, 쓰레기통 등).
등장인물 중 다빈은 "현재 시간"에 등장하지 않는다. 그러나 공원이 사라지고 엔딩을 마주한 관객의 마음속에 남아야 할 것은 다빈이어야 한다.

귀뚜라미 우는 소리가 사방으로 들린다. 보행자들의 걸음 소리가 들리지만 어둠 속이라 보이지 않는다. 약 1분이 지나자 밤 11시를 알리는 종탑 소리가 들린다. 종탑 소리에 맞춰 가로등이 하나씩 점등된다. 공원에 누워 있는 프레디가 보인다. 공원 끝에서 유즈키가 걸어온다.

유즈키　겁먹은 눈으로 절 보지 마세요.
프레디　네가 칼을 쥐고 있는데도?
유즈키　이건, 그러니까…… 단지 나를 위한 거예요.

프레디는 주변을 둘러보았다. 무언가를 급하게 찾는 것처럼 보였는데, 유즈키의 시선에는 그저 한 명의 중독자로 보였다. 방금까지 잠들어 있던 프레디의 주변에는 빈 병과 약 봉투, 꽁초가 널려 있다.

유즈키　(프레디 주변을 가리키며) 이것들이 저를 겁먹게 만들어요.
프레디　어쩐지 동네 개들도 나한테 오질 않더니.
유즈키　개들은 눈치가 빠르거든요.

프레디, 빈 병들을 보기 좋게 한곳에 정리한다.

프레디　그럼 어떡해. 나는 번번이 실패하고 마는데.

유즈키가 프레디 곁에 앉는다. 둘은 언젠가 떠돌이 개를 돌봐 준 적이 있다. 지금 그 개는 사라지고 없다. 어디로

간 걸까. 놀이터를 가득 채우던 아이들은 커서 무엇이 됐을까. 편지 한 장에 마음을 꾹꾹 눌러 담던 연인들은 모두 어디로 간 걸까. 사람들은 언제부터 치기 어린 마음과 광기 어린 사랑을 구분하기 시작한 걸까. 너무 오래된 마음인 걸까. 주관적인 사랑이 필요해. 우리의, 우리에 의한, 우리를 위한……

프레디 (하품하며) 조금 졸린데.

유즈키 조금 더 있다 자요. 오늘 밤은 예상보다 길게 느껴질 거니까요. (코를 킁킁댄다.) 너무 많이 마셔서 그래요.

프레디 많이 마셨지. 어제도 마시고, 그제도 마시고, 지난주에도…… 하루하루가 헷갈릴 지경이야.

유즈키 분명 어제도 헛소리를 했겠죠. 지난주에도 헛소리를 했을 거고요.

프레디 지난달에도 마시고, 지난 계절에도……

이러다 하루를 구분 못하게 생겼군. 오늘이
오늘인가?

프레디는 잠들기 위해 벤치에 대(大) 자로 뻗는다. 유즈키는 프레디를 흔든다. 프레디는 알아들을 수 없을 정도로 작게 중얼거린다. 유즈키, 프레디를 몇 번 흔들더니 이내 포기한다.

유즈키 정말 바보 같다니까. 이러려고 태어난 것처럼
굴다니. (빈 병을 뒤적이며) 정말 다 마셨다니.
죽을 때 고통스럽지나 않으면 다행이지.
(노래한다.)
아가야, 엄마의 손길을 기다리느냐?
아가야, 아빠의 노래를 기다리느냐?
인간은 노래하면서 태어나는데
죽을 때는 노래할 힘도 없더구나.
잘 자거라. 우리 아가.
꿈에서는 애인도 믿지 마렴.
친구도 자식도 믿지 말고
너 자신을 지키며 나아가렴.

사랑을 버리고.
사랑을 버리고.

공원에 비가 내리기 시작한다. 어느새 프레디는 잠들어 있다. 다빈은 항상 꼬리를 세차게 흔드는 것으로 사람들을 기쁘게 하는 존재. 유즈키는 잠든 프레디를 보다가 문득 다빈과의 일화를 떠올린다. 우리 공원의 항우울제. 너밖에 없구나. 꼬리로 날아갈 수 있겠더구나. 나의 마음까지도.

유즈키   프레디…… 자요?

다빈이 몇 월 며칠에 사라졌더라.

유즈키   프레디, 아직 잠들면 안 돼요. 나는 아직 할 말이 남았다고요.

다빈이 무얼 좋아하더라. 어떤 향을 좋아했지?

유즈키   다빈을 위해 그가 좋아하던 것을 구매해야겠어요. 그가 유독 좋아하던 '비 젖은 숲' 향으로 인센스도 불붙이고요. 혹시 알아요? 향을 맡고 다시 공원으로 돌아올지도요.

그런데 그가 무얼 좋아했는지 도무지 기억이……

다빈, 어디서 꼬릴 흔들고 있는 거니.

유즈키   일어나요. 제발. 프레디, 내 기억은 전부 날아갔단 말이에요. 지금 당장 당신의 기억이 필요해요……

유즈키, 프레디에게 기댄다.

다빈이 무얼 좋아했더라……

유즈키, 눈을 감는다.

마지막 다이아몬드

나의 주관적인 마음이 너를 아프게 했니.

"우리 부모님이 말하길
나는 평생 속임수에 빠져 허우적거릴 팔자래요."

그 애는 내가 본인을 속이고 있다는 사실을 모른다.

온몸이 젖은 채로 나는 날 진정시키려 애썼다. 드러누울 때마다 침대가 삐걱거렸다. 맞아. 나는 이 소리를 싫어했지. 나의 몸을 건드는 게 겨우 녹슨 스프링 몇 개라니. 그 애는 내 곁에 앉으며 "우리끼리 작은 사랑 정돈 괜찮죠?"라고 말했다.

어젯밤은 어디서 보냈니.
맨날 똑같죠.
길거리?
이름도 모르는.
추웠겠구나.
이제 전 떠나요. 높은 산과 바다가 한눈에 보이는 곳으로요.

>
작은 사랑……

무지개가 태양 빛을 받아 공중에서 춤을 출 때. 빛이 유리잔을 통과할 때. 폭포가 빛을 머금을 때. 걸음마 뗀 아기의 표정이 빛날 때. 머릿속에서 빛이 떠오를 때.

분수대에서 물이 솟구칩니다.
그 애는 죽음보다 멀리 떠날 것입니다.
강을 건널 것입니다.
나비가 날아갔습니까?
자정까지 산책하겠습니다.
나는 바다를 떠나고 숲을 불태웠습니다. 막연한 들판에 서 있습니다.
청보리밭은 여전히 청보리밭입니까.
천사를 이해하기 위해서 천사를 잊었습니다.
거울을 잔뜩 깨 먹고
나의 친구들,
그래. 내가 떠나보낸 그들은 모두 어디로 갔지?
매일 취한 채로 웃다가 울다가 웃다가 울다가

울다가
어젯밤을 망각하는 나날입니다.
도둑놈들.
나는 너무 많은 미래를 빼앗겼습니다.
맞아요. 나는 바보입니다.
바보 중에서도 가장 똑똑한 바보라서 사람들은 내가 바보인 줄 모릅니다.
내가 미워서 나를 욕하고
내가 미워서 남을 욕하고
죽을 때까지 헛소리나 지껄이는 것입니다. 정말로
청보리밭은 여전히 청보리밭입니까.
창밖은 어느새 겨울.
나는 삐걱거리는 침대를 버릴 생각도 않고
그 애의 편지를 뜯어 마지막 구절을 소리 내어 읽는 것입니다.
차라리 사랑에 속는 편이 좋겠어요.
그렇다고 운명과 우연 사이에서 길을 잃진 말아요.

Fin

   낮보다 밤을 견디는 식물로 태어날 수 있을까. 그늘과 그림자의 차이를 이해하다가 눈멀고 싶지 않았다. 나는 먹지 않고 마시면서 그냥 어둠 속에 혼자 있었어요.

   한바탕 눈이 쏟아지던 날, 한밤의 공원에서 엉터리 춤을 추면서, 마리아, 내가 깊이를 알 수 없는 구멍으로 떨어질 때, 너라면 나와 함께 뛰어들지 않을까 생각했다.

   화단에 죽은 길고양이를 묻어 주는 일.
   우리보다 먼저 갔으니 천국에선 우리가 동생이겠구나.

   작별을 겪지 않은 사람들만 영원이 존재한다고 착각하니까.

   내가 마리아의 방에 찾아갔을 때 우리는 사진첩이나 타임캡슐 따위를 열어 보며 서로의 유년에 대해 떠들었다. 대체로 폭력과 슬픔으로 가득 차 있었으며, 그 사실로 우리는 서로를 온전히 이해할 수 있다고 믿었다.
   해가 지고 있을 때였나.
   마리아는 커다란 상자 몇 개를 내게 보여 주었다.

상자 안에는 셀 수 없을 정도로 수많은 편지.

그때 무슨 말을 해야 널 멈추게 할 수 있었을까.

― 정말 내일 떠나려고요?
― 네. 낮 기차예요.
― 거짓말하지 마요. 그냥 심술부리고 싶은 거죠?

지금 이 마음을 뭐라고 불러야 해? 왜 마음은 여러 이름을 갖고 있는 걸까.

당신이 나와 같은 줄 알았어요. 작은 문틈으로 들어오는 빛을 보고 있는 줄 알았어요. 그런데, 그런데……

춤을 출 때 무용수들은 무표정했는데요. 그 사실이 항상 나를 슬프게 만들었습니다.

심장을 보여 줘도 되나요, 라고 묻는 사람이 있다면.
심장을 간직하길 바랄게요, 라고 답하는 사람이 있다면.

때가 되면 목련은 또 피어나겠지.

그리고 내가 병동에 입원했을 때의 어느 날이었다.
주말 병문안을 찾아온 마리아는 아무 말이 없었다. 함께 산책로를 걷는 동안 마리아는 자꾸 눈가를 훔쳐 내었다.
하루의 햇빛이 다 지나가도록 우리는 끝내 아무 말도 나누지 않았다. 대신 마리아는 쪽지 하나를 내게 쥐여 주고 손을 흔들어 보였다. 쪽지 내용은 다음과 같았다.
'애써 죽으려 하지 않아도 언젠가 죽게 될 거예요. 다음에는 철로 변을 같이 걸어요.'

태어나면 죽을 날을 기다리고.
봄이 오면 겨울이 오고.
아침이 가면 밤이 되고.
걷다 보면 도착하고.
사랑을 하면 작별을 하고.
사랑 없이도 작별을 하고.
삭별을 하고.

영원, 그것이 무엇이길래 사람들을 집착과 불안에 빠지

게 만드는 것일까.

  여름이 싫다.
  여름이 싫어.
  마리아와 나는 싫다고 말하면서도 한여름에 손을 마주 잡았다. 마리아, 너는 더위보다 혼자 걷는 것이 싫은 사람. 매일을 살아 내는 게 지겹다고 말하면서 그것을 포기할 수 없는 사람.
  꿈에서는 불길을 걷는 네가 보였다.
  마을이 불타고
  뒷산이 불타고
  산짐승들이 모두 달아날 때.
  "이리 와. 나와 함께 걸어요. 우린 식물의 마음을 이해하지 않았니. 언젠가는 불에 탈 운명이니까." 꿈인 줄도 모르고 마리아가 말했다.

  어느 순간부터 더 이상 미래를 꿈꿀 수 없다······

  계단은 참 인간적이지요. 올라가면 내려가야 하고 내려가면 올라가야 하니까요.

그게 언제인지는 아무도 몰라요

한밤이 오면 그림자만 신나는구나.

긴 복도를 걸어 본 적 있나요.
걸어도 걸어도 끝이 보이지 않는 복도를.

나에게 답장을 보내 줘요. 이 집에서 나 혼자 살아 있어요.

애써 죽으려 하지 않아도 언젠가 죽게 될 거예요……

마리아, 나는 그냥 어둠 속에 혼자 있었어요.

나의 혼잣말이 상영되는 심야 극장으로

이 해

나의 혼잣말이 상영되는 심야 극장으로

입을 다물어도 쏟아지는 이야기가 있다.

스물세 살이 되던 봄, 나는 다섯 명의 동기들과 영화를 한 편 찍었다. 누구에게 잘 보일 필요도, 좋은 평가를 받을 필요도 없이 마음껏 찍을 수 있는 첫 작품이었다. '아무거나' 만들어 보라는 말에 찍었던 5분짜리 영화는, 주인공의 대사 한 마디 없이 그렇게 탄생했다.

어느 날부터 별안간 벌레가 되었다가 불시에 다시 돌아오는 사람이 있다. 집에서, 학교에서, 좋아하는 사람 앞에서. 일단 벌레가 되고 나면 몸을 까뒤집은 채로 아무것도 할 수 없다. 사람들은 벌레를 싫어한다. 피하고, 빗자루로 쓸고, 쓰레기통에 버린다. 그러다 다시 사람이 되면 추한 몰골로 집에 돌아온다. 돌아오고, 돌아오고, 또다시…….

그러다 어느 날 문득 견딜 수 없게 되는 순간이 온다.

그는 입에 밥을 꾸역꾸역 쑤셔 넣다가 엉엉 울고 말았다.

그건 내 이야기였다. 나는 정말로 종종 벌레가 된다. 마음이 쪼그라들고 초라해져서. 바글바글한 사람들과 부푼 꿈들 사이에 가슴이 폭삭 주저앉고 말아서. 그래서 아주 게걸스럽게 판타지 소설이나 웹툰, 드라마, 영화를 본다. 이야기를 본다. 그리고 꿈꿨다. 언젠가 내게도 멋진 일이 일어나지 않을까. 작품 속 등장인물로 빙의한다거나, 과거로 회귀해서 미래를 꿰뚫어 불행을 전부 피하고 팔자를 핀다든가, 핑크색 머리를 가진 마법소녀를 만난다든가. 그러다 어느덧 영화를 만들고 글을 쓰는 사람이 되었다. 만들 수 있는 기회가 허락된 동안에는 정말 근사한 작품을 찍고 싶었다. 누구도 그냥 지나칠 수 없는 흥미진진한 로그라인. 곱씹고 싶은 명대사. 영상으로 구현할 수 있는 공간감을 통해 보는 이에게 마음에 맺히는 장면을 만들어주고 싶었다. 내 작품 속에는 마녀도, 교도소도, 사이비 종교도 등장했다. 누군가의 발목을 붙잡는 이야기를 만들고 싶었고 결국 내 마음은 한 번도 그곳에 걸려 넘어지지 않았다. 몇 달이 넘는 시간을 쏟아 20분이 넘는 러닝타임을 찍어 냈는데도 상영 후 한 번도 그 작품을 다시 보지 않았다.

그리고 '아무거나' 찍을 수 있는 첫 기회에 찍었던 그 영화는, 무작정 3일 만에 찍었던 그 영화는 마음이 넘어질 것 같을 때면 주머니에서 꺼내 봤다. 닳도록 다시 봤다. 엉성한 부분도 밉지 않았다.

그 영화는 나였다. 언제나 불안하고, 그 불안을 이해받지 못해 슬프고, 그 슬픔이 무척 사소한 것 같아 외로운 나. 멋진 작품을 만들고 싶은데 내가 하고 싶은 얘기는 고작 벌레 나오고 밥 먹다 우는 이야기라니.

정말, 근사한 이야기를 만들고 싶었는데 나에게선 자꾸 이런 것들만 흘러넘친다.

양안다 시인의 시를 처음 읽은 것은 성인이 된 후, 대학 기숙사에 입소한 지 얼마 되지 않은 초여름이었다. 친구에게 "나도 너처럼 시를 읽고 싶다"고 했더니 그 친구는 나의 기숙사 앞까지 긴 거리를 걸어와 시집 한 권을 빌려주었다. 양안다 시인의 첫 시집, 『작은 미래의 책』(현대문학, 2018)이었다. 그저 시집 한 권이 손에서 손으로 옮겨 갔을 뿐이지만 그때 알았다. 이날, 막 이십 대가 된 나에게서만 발생할 수 있었던 그 감각은 아주 먼 훗날까지 흘러넘쳐 많은 날을 뒤흔들 것이라는 걸.

그로부터 몇 년의 시간이 지났고 양안다 시인은 부지런히도 시집을 냈다. 난 바쁘게 시집을 따라 읽었다. 성실한 독자로 지내기를 몇 년, 어느 날 나는 내 영화 후원자 목록에서 익숙한 이름을 발견했다. 양안다. 내가 아는 양안다는 대한민국에서 딱 한 명뿐이었다. 서로 독자와 관람객으로 연이 닿아 소회를 나눌 기회가 되었을 때 나는 양안다 시인에게 말했다. 시집은 마치 누군가를 기다리는 사람 같아요. 떠돌고 있고, 불안의 절정처럼 느껴진달까요. 그러자 양안다 시인은 말했다.

— 그런가요? 몰랐어요.

   그는 오히려 불안의 해소라는 테마로 이 시집을 쓰고 싶다고 말했다. 그런데 쓰고 보니 그런 것 같기도 하다고 덧붙이며 우리는 '만들고 보니 알게 되는 우리의 마음'에 대해서 한참 떠들었다.

   그는 그때 말했다. 시를 쓰고 나면 '아, 내가 이때 우울했구나' 알게 되는 때가 있다고. 그때 생각했다. 내가 이야기를 만들고 있다고 생각했는데, 내 안에서 소리치고 있는 무언가가 있다는 것을. 쓰는 사람에겐 할당량으로 주어진 사명의 이야기가 있다. 그것이 비록 아주 사소한, 고작 용서받고 싶다는 마음일지라도, 벌레가 되어 버리는 마음에 대해 이해받고 싶은 마음일지라도, 오래도록 기다리고, 미안하다는 말 한마디 듣고 싶은 말일지라도. 결국 해야만 하는 이야기, 그것들은 내 손끝을 타고 나가면서, 어느 순간 스스로 운동하는 독립적인 개체가 되어 살아 숨 쉬고 나를 앞질러 나간다. 그럼 나는 멍하니 그걸 보며 따라가게 되는 것이다. 그 이야기가 나를 어디로 이끌지, 어떤 이면과 스토리를 보여 줄지 기대하면서. 그렇게 새로운 '나'를 만나면서. 내 솔직한 이야기가 나를 빠져나와, 어느새 나보다도 앞서 또 다른 '이야기'를 만들어 내는 일을 막을 수 없었다.

    금방 갈게. 따뜻하게 입고 기다리고 있어.
    이것은 천재의 사랑이다.
                                            ─「들개와 천재」 중에서

'불안의 절정'이라 말했듯 시집에는 기다리는 이가 여럿 등장한다. 화자는 연인을 기다리고, 아들을 기다리고, 영영 돌아갈 수 없는 시절을 기다리기도 한다. 「복잡하고 어지러운 초콜릿 소년」에서는 불안에서 연결되는 사랑, 즉 사랑으로부터 기원한 여러 감각들이 '불편하다'고 단호하게 말한다.

기다리는 일은 분명 비대칭적이다. 사랑은 비겁한 이름이므로. 당신을 얼마나 사랑했는지는 영영 누구도 알 수 없다. 그 사랑의 서사와 맥락을 이해할 수 있는 것은 이 세상에서 끝까지 사랑의 주체뿐이라는 점에서 그렇다. 그럼에도 우리가 한때 무언가 같은 것을 주고받았다고 희미하게 믿어야만 함이 사랑의 전부다. 어떤 약속에서도 오롯이 나만이 책임져야 하고, 그러므로 불안해야만 하는 비겁한 이름. 그래서 시인은 "불안 좀 가져와야지, 너를 복잡하게 이해하려고"라 했을까.

양안다는 사랑을 복잡하게 바라본다. 사랑은 무더위에 초콜릿이 녹아내리듯 막을 새 없이 발발하는 사건이며, 만질 수 있는지 없는지 야바위하듯 헷갈리는 어지러움이다. 그러나 시인은 이 과정을 제거하거나 피하지 않고 있는 그대로 인식한다. 사랑에서 파생된 여러 겹의 마음, 이를 만질 수 있는지 가늠하는 일은 분명 혼란스럽다. 손바닥이 온통 젖는 축축한 과정이고 결국 녹아내린 초콜릿 때문에 개미 떼가 몰려오게 될 불편한 종결이다. 하지만 시인은 이 모든 일을 있는 그대로 까뒤집어 발화한다. 이 불편함은 결코 불안에서, 깨질 것 같은 정서의 솔직함에서 끝나지 않는다. 시에 등장하는 이들은 사랑하기 위해 그렇게 하기로 한다. 인물은 자진해서 첨탑에 올라서고, 스스로 받아들인다. 불안을 수반하는 모든 과정을 그대로 인식하여 사랑으로 승화한다. 이것이 시인이 바라보는 '복잡한 사랑'이다. 그러므로 쏟아지기로 한다. 불안으로, 흔들림으로, 불편함으로. 사랑이라는 웅덩이에 점철된 복잡한 과정 속에 젖기로 한다. 참지 못하고 터져 나오는 이야기처럼. 꾹 참아 왔던 마음이 떠드는 일에 귀를 기울이고 마는 것처럼.

　이 책은 사랑의 선언문이다. 사랑으로 직진해 나아간다. "사랑하려고 불안을 선택"한다는 결심(「복잡하고 어지러운 초콜릿 소년」), 그리고 "소원을 빌게요. 나의 얼굴이 어둠에 빠지기 전에."(「모두 예쁘고 슬픔」)라는 고백은, 그가 도약을 다짐하는 순간이다. 그의 정직함은 깨지고 불안한 채로 하는 사랑, 거짓 없이 하는 사랑, 그래서 다시 한번 기도할 수 있는 수더분한 믿음이다. 그렇게 사랑의 천재가 된다.

　그래서 따뜻함을 전해 주는 문장이 아닌 솔직한 문장을 쓰겠다던(『달걀은 닭의 미래』 난다, 2024) 양안다의 시를 신뢰한다. 그의 시 속 정직한 마음들에 웅크려 있던 내 마음을 발견한다. 그리고 견딜 수 없을 것 같을 땐 진솔한 문장에 잠시 한 시절의 나를 의탁해 둔다. 내가 단단해지고 견딜 수 있을 때가 된 후 되돌려 받기까지. 그건 양안다의 시가 가진 힘이고, 솔직함의 끈질긴 강함이다.

심야 극장은 수다쟁이를 환영할 것입니다.
—「달 생각」 중에서

나는 오래도록 이야기를 만들면서 멋진 작품에 대해 골몰했다. 그리고 내가 만들어 낸 세계 속 아이들을 몹시 사랑했다. 이름을 지어 주고, 각각의 아이들의 세계를 생각하며 한 명 한 명을 들여다봤다. 그들은 전부 말하고 있었다.

나를 이해해 줘.
누군가의 심금을 울릴 만큼 격정적이지 못해서 비참한 나의 슬픔을 받아들여 줘.
고요히 흘러가는 것처럼 보여도 매일 폭풍이 치고 천국에서 지옥으로 맥박이 뛰는 심장과 공명해 줘.

양안다의 시를 지켜본 이라면 그의 시와 영화 간의 긴밀한 연결을 눈치챌 것이다. 이번 시집 역시 일상의 확장보다는 낯선 배경과 새로운 화자를 제시하며 독자로 하여금 '이야기'를 바라보게 한다. 「비둘기 걷어차기」처럼 아예 영화 대본 형식을 취하기도 했다. 따라서 독자는 이 시

(영화)에 등장하는 화자에 이입하며 사랑의 일련을 지켜본다. 기다림은 등장인물로 하여금 겁을 먹게 하거나(「모처럼 나들이」) 깨진 조각처럼 산산이 흩어진 것처럼 감각하게 하기도 하지만(「골목과 음악」) 모든 과정을 그대로 받아들이기로 한다. 극장에 갇혀 영화의 전개를 속수무책으로 따라가던 우리는 '신의 장난' 같은 이 모든 과정의 이해를 시도한다. 그리고 발견한다. 쏟아지는 고백 같은 이야기, 마음에 감추고 길러 두던 이야기를 참을 수 없게 되는 순간을 목도한다. 기꺼이 속기로 선택하는 것. 어쩌면 '인간이기 때문에', '심장이 터지면 입 밖으로 쏟아지는' 일을 멈출 수 없지 않느냐고.(「엘레나와 유코가 어느 소설 속에서」)

이야기는 수다쟁이를 위한 심야 극장이다. 나는 가끔 영화를 찍는다. 거기서 내가 만든 영화를 마음껏 트는 상상을 한다. 엔딩 크레딧이 올라가는 장면을 떠올리면 언제나 가슴이 뛴다. 그래서, 멋진 작품을 극장에서 틀고 싶었다. 아름답거나, 강렬하거나, 혹은 마음이 저릿한 걸작을.

그러나 나는 언제나 모호한 이야기들만 손에 쥐고 있었다. 내 안에 웅크려서 꾹 참고 있는 누군가의 이야기. 내가 귀 기울여 주지 않으면 아무도 들어 주지 않는 누군가의 이야기. 어린 날 친구와 싸웠던 기억, 부어오른 친구의 기억까지 추억으로만 묻을 수 없었던 「타임캡슐」처럼, 하나도 잊히지 않는 어린 날의 기억들. 그래서 사건이라는 이름을 입고 단어와 문장으로 조립되기엔 애매한 것들. 그래서 나의 극장에는 밤새 혼잣말이 상영된다. 일기도, 원고도 될 수 없던 혼잣말. 멋지고, 즐겁고, 언제나 희망적인 이야기가 아닐지라도 고백처럼 터져 나오는 이야기들.

그런 심야 극장은 너무나도 은밀하고, 너무나도 사적이라서, 함부로 아무나 들일 수 없다. 조심스레 특별한 이들을 초대한다. 나의 초라하고 내밀한 이야기들을 함께 들어주시겠어요? 소중한 관객이 되어 줄 당신에게, 이 초대장을 우리는 보낸다. 그리고 나는 "무명 감독이 미완으로 버린 필름"(「하늘은 다홍빛 불타는 시간에」)마저도 공명할 수 있는 시를 쓰는 시인을 안다. 그리고 그 시인의 시가 상영되는 극장에 기꺼이 찾아온 독자들에게, 양안다는 솔직한 것들을 보여 줄 것이다. 마음과 글자는 나와 나란해질 수 있다고.

어느 순간, 나는 벌레가 된다. 집에서, 학교에서, 좋아하는 사람 앞에서. 일단 벌레가 되고 나면, 아무것도 할 수 없다. 마음이 바스라져서. 나의 사랑이 산산조각 나고, 어제와 내일이 심장을 움켜쥐어서. 오늘을 도무지 이해할 수 없어서.

그런데 영화가 그렇지 않나? 시가 그렇고, 또 사랑이 그렇지 않나? 마음에 담아 두고 곱씹다가 문득 그렇구나, 하는 일. 문자로 번역되지 못해도 뭉뚱그려 마음에 꽂히는 일. 두고두고 담아 두었다가 필요할 때 꺼내어 슬픔과 기쁨, 상실과 우울, 언어로 치환할 수 없는 정서를 대변하는 일. 벌레가 되어 버리고 마는 것처럼 무척이나 초라해지고 마는 내 마음을 내비치는 일.

    조금 창피하고 쑥스럽지만 솔직한 이야기가 나에게서 쏟아져 나와 우리의 손을 잡는 일.

타이피스트 시인선 009

이것은 천재의 사랑

1판 1쇄	2025년 5월 10일
3쇄	2025년 10월 13일
지은이	양안다
펴낸곳	타이피스트
펴낸이	박은정
편집	박은정
디자인	코끼리
출판등록	제2022-000083호
전자우편	typistpress22@gmail.com
ISBN	979-11-989173-5-5

© 양안다, 2025.

° 책값은 뒤표지에 있습니다.
° 파본은 구입처에서 교환해 드립니다.
° 이 도서의 판권은 지은이와 출판사 타이피스트에 있습니다.
  양측의 서면 동의 없이 책 내용의 전부 혹은 일부의 재사용을 금합니다.
° 이 책은 2024년 대산문화재단 대산창작기금을 받아 출판되었습니다.